轨道交通实训课新理念新形态活页式教材

轨道交通车辆技术实训指导

（三）车辆制动

主　编 / 袁楷智　蒲华强　吕贵铭

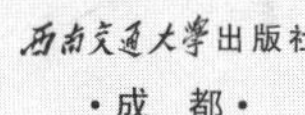

· 成　都 ·

图书在版编目（CIP）数据

轨道交通车辆技术实训指导. 三，车辆制动 / 袁楷智，蒲华强，吕贵铭主编. --成都：西南交通大学出版社，2023.6
ISBN 978-7-5643-9340-3

Ⅰ. ①轨… Ⅱ. ①袁… ②蒲… ③吕… Ⅲ. ①城市铁路－铁路车辆－车辆制动－高等职业教育－教材 Ⅳ. ①U239.5

中国国家版本馆 CIP 数据核字（2023）第104885 号

目录
CONTENTS

项目一 车辆制动系统实训演练

任务一 制动系统的认知

一、实训目的

通过实训，使学生了解制动系统的功能和组成，掌握制动系统原理。

二、理论链接

1. 制动实施原则

再生制动→电阻制动→电空制动
再生制动：牵引系统提供，属电制动。
电阻制动：牵引系统提供，属电制动。
电空制动：由制动系统提供。

2. 制动性能及参数

列车最高运行速度	80 km/h
最大常用制动平均减速度（80 km/h ~ 0）	≥1.0 m/s^2
紧急制动平均减速度（80 km/h ~ 0）	≥1.2 m/s^2
电-空转换点	0 ~ 6 km/h（可调整）
制动时冲击极限（紧急制动工况除外）	≤0.75 m/s^3
常用制动负载工况	AW0 ~ AW3
停放制动：	
AW3 载荷列车安全、可靠地停放的最大坡道	35‰
紧急制动距离	≤205 m

3. 制动功能

（1）常用制动。正常情况下使用的一种制动方式，是电空混合制动。
（2）快速制动。与常用制动一样，是电空混合制动，但减速度高于常用制动。
（3）紧急制动。紧急突发情况下使用的一种制动方式，为纯空气制动。
（4）保持制动。在列车减速到静止后，系统自动施加的一种制动模式。
（5）停放制动。用于列车长时间停放的一种制动模式，通过弹簧力施加，充气缓解。

4. 制动力分配

电制动优先。
空气制动平均分配到每个转向架。
制动系统负责制动力管理。

5. 主要设备认知

（1）制动控制装置。是整个空气制动系统的核心，负责空气制动系统的控制、监控及与车辆控制系统的通信。

它由电子控制部分和气动执行部分组成，包括网关阀（如图 1-1-1 所示）和智能阀（如图 1-1-2 所示）等部件，每个阀都安装在其所控制的转向架附近。

图 1-1-1　网关阀

图 1-1-2　智能阀

（2）辅助控制模块（CUBE）是一个集成的轻量化设备，如图 1-1-3 所示。其主要由过滤器、单向阀、电磁阀、截断塞门、溢流阀、减压阀和压力开关等部件组成。集成了制动储风缸（BSR）压力空气的净化及供给、停放制动控制、空气悬挂用风供给、EP2002 阀座等辅助功能。

图 1-1-3　辅助控制模块

（3）风源系统如图 1-1-4 所示。它为整辆车所有的用风系统提供清洁干燥的压缩空气，主要由空压机、干燥器、安全阀和过滤器等部件组成。

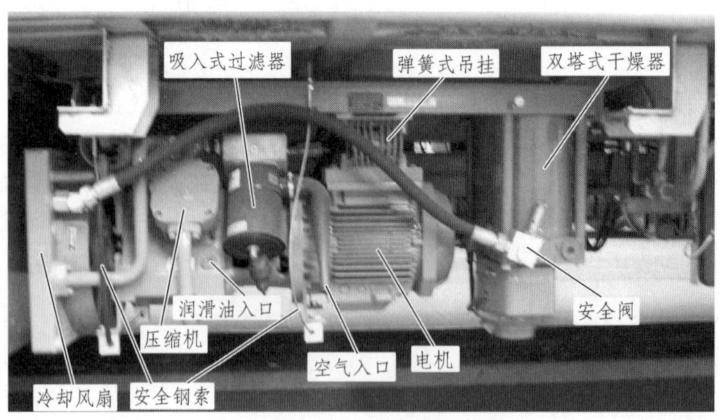

图 1-1-4　风源系统

电动空气压缩机组使压力空气通过列车的总风管给列车供风，以保证气动设备正常工作。空压机与三相电机通过一个无需维护的、具有自动定心的法兰安装的耐用型联轴器连接。

一辆车通常设有 2 个空气压缩机，其中一个空气压缩机故障时，列车仍可以正常运行。

总风缸和管中的压缩空气最大工作压力为 10 bar（1 bar = 10^5 Pa）。

空气压缩机组要为每个车组提供足够的干燥空气压力，在供气过程中由安全阀与压力继电器对空气压力进行监控。整个供气系统除了为空气制动系统供气外，还为受电弓升降、客室气动门、空气悬挂系统以及刮雨器等提供压缩空气。压缩机结构如图 1-1-5 所示。

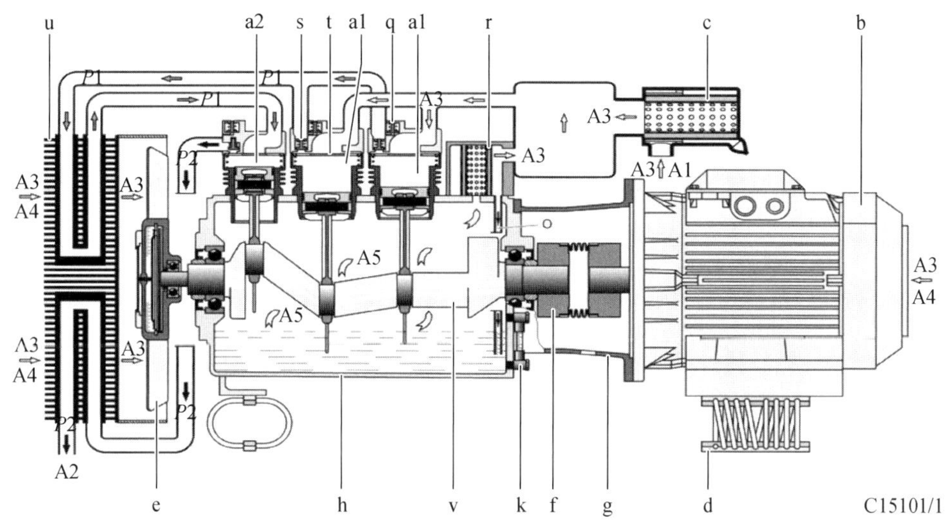

a1—气缸，低压（第Ⅰ级）；a2—气缸，高压（第Ⅱ级）；b—电动机；c—干式空气滤清器；d—弹性元件（图示为钢丝弹簧）；e—带粘液耦合器的风扇叶轮；f—波纹管联轴器；g—中间法兰；h—曲轴箱；k—油位显示管；q—防护阀；r—过滤元件；s—阀；t—阀；u—冷却器；v 曲轴；A1—进风口；A2—出风口；A3—抽吸气体；A4—冷却空气；A5—含油气体；P1—中间压力；P2—高压；O—润滑油。

图 1-1-5 压缩机结构

压缩空气在一个干燥塔进行干燥，同时另一个干燥塔内回流的洁净总风对干燥剂进行再生处理。在干燥器内的电子计时器控制两个塔的干燥及再生。每个干燥塔连续工作的时间为 2 min，2 min 后将切换至另一干燥塔。只有在空气压缩机工作时，该计时器的控制周期才起作用，这样可以确保两个干燥塔可以均衡工作。双塔空气干燥器通过去除系统中的水分，达到等于或小于 35%的相对湿度。双塔干燥器如图 1-1-6 所示。

空气干燥器设有自动排泄阀，以将积存的水和油污自动排放出去，排泄阀设有电加热器以防止冬季结冰。

图 1-1-6　双塔干燥器

每辆车设置一个总风缸、空气悬挂风缸和制动风缸的风缸模块，三个风缸的容积均为 100 L，如图 1-1-7 所示。

图 1-1-7　风缸

总风缸及空气悬挂风缸上设有排水塞门，风缸和排水塞门之间通过双向接头连接在一起，排水塞门选用蝶形手柄，方向和气流方向一致时为关闭位。出于安全考虑，在制动风缸上只设带卸荷槽的排水螺堵。

风缸材料选用铝合金，风缸额定工作压力为 10 bar（1 MPa），所有风缸使用寿命大于 30 年。

6. 制动隔离

（1）转向架制动隔离，如图 1-1-8 所示。

① 操作转向架隔离塞门 B05.01/B05.02（位于车上座椅下方的截断塞门箱内）可以隔离对应转向架的空气制动。

② 当塞门处于截断位置时，相应转向架的空气制动被隔离。

③ 此截断塞门带有电触点进行监控，操作后将会有信号送出给网络 HMI 显示。

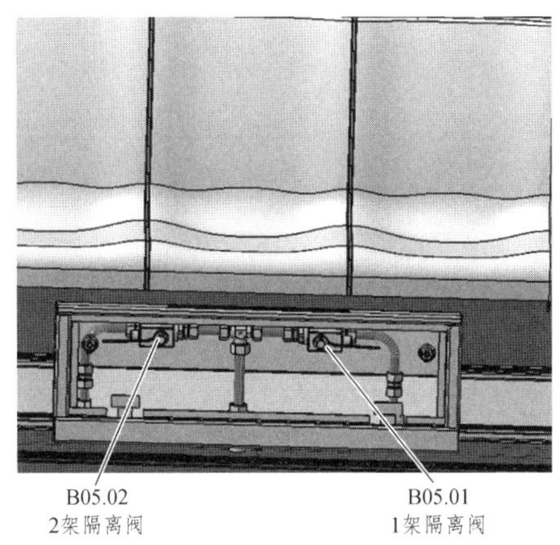

图 1-1-8　转向架制动隔离

（2）单车制动隔离，如图 1-1-9（a）所示。

① 操作 B04 隔离塞门（位于车下二位端 EP2002 阀后面的辅助控制板 CUBE 上）可以隔离本车的空气制动。

② 当塞门处于截断位置时，本车的空气制动被隔离，同时制动风缸的压缩空气被排空。

③此截断塞门带有电触点监控，操作后将会有信号送出给网络 HMI 显示。

（3）停放制动隔离如图 1-1-9（b）所示。

① 操作 B11 隔离塞门【位于车下二位端 EP2002 阀后面的辅助控制板（CUBE）上】可以隔离本车的停放制动。

② 当塞门处于截断位置时，本车的停放制动施加，且只能通过手动缓解拉绳进行缓解。

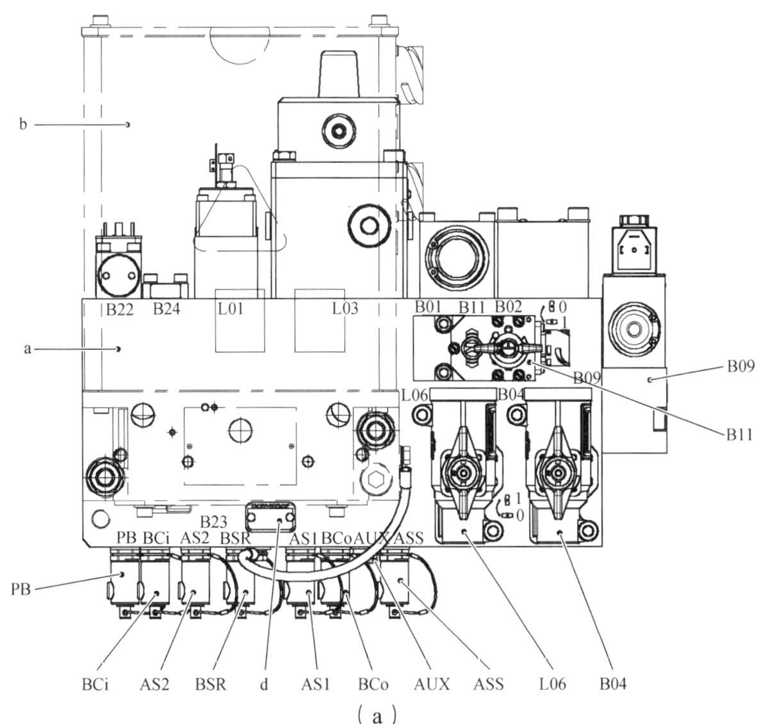

（a）

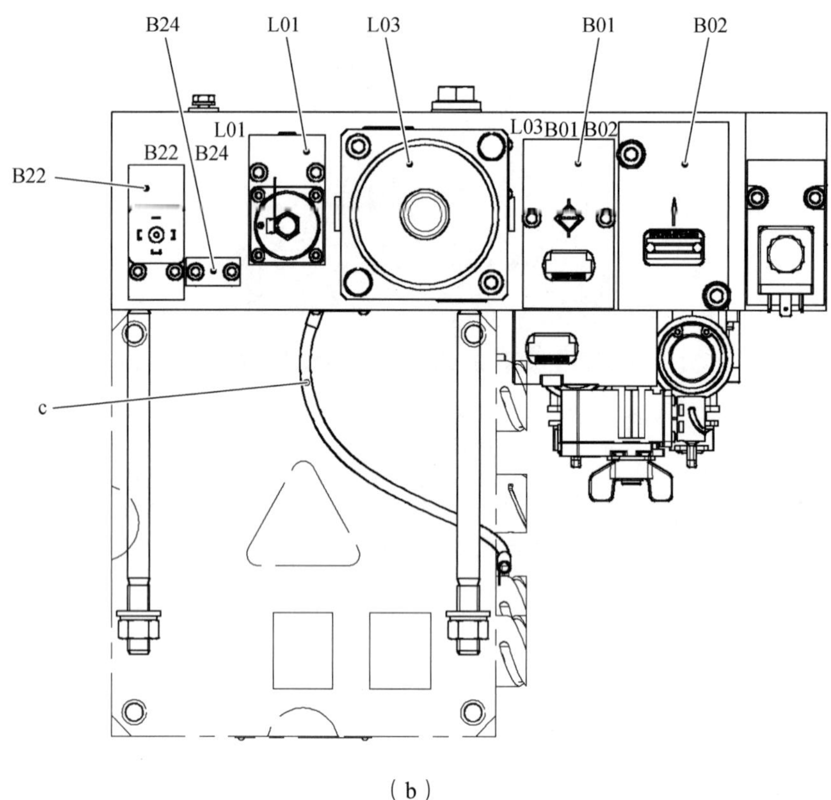

（b）

a—支撑组件；b—制动控制装置；c—接地电缆；d—铭牌；AS1～AS5—测试接头；AUX—螺塞；B01—空气滤清器；B02—止回阀；B04—球阀；B08—电磁阀；B11—二位三通换向阀；B22—压力开关；B24—罩盖法兰；BCo～BSR—测接接头；L01—溢流阀；L03—减压阀；L06—球阀；PB—测试接头。

图 1-1-9　单车制动隔离阀门示意

1. 实训时间

教学课时为 2 课时。

2. 实训形式

学生每五人组成一个工作小组，各小组根据实训课程任务定制实训实施方案，每个小组选出一名组长，组长协助老师指导本组学生进行实训。

3. 实训注意事项

（1）未经教师或管理员允许不得擅自操作。

（2）确保配电房三相电闸处于断开状态。

（3）不要随意触碰车辆各处线路，车辆带有 110V 蓄电池，有触电危险。

4. 工具器材准备

防护隔离带、铁路专用安全帽等。

四、实训作业步骤

1. 整体实训过程如图 1-1-10 所示。

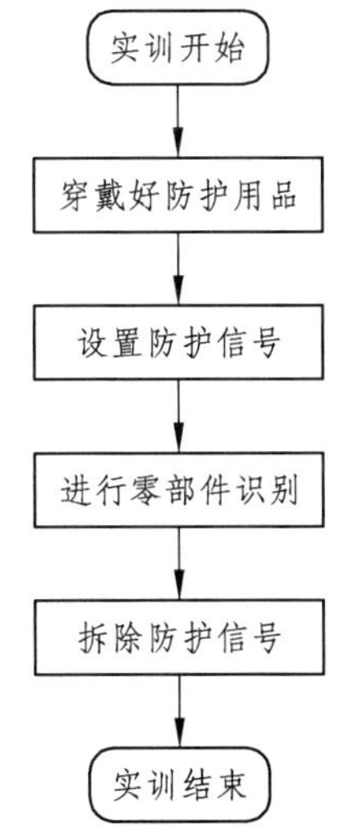

图 1-1-10　整体实训过程

2.系统认知步骤如图 1-1-11 所示。

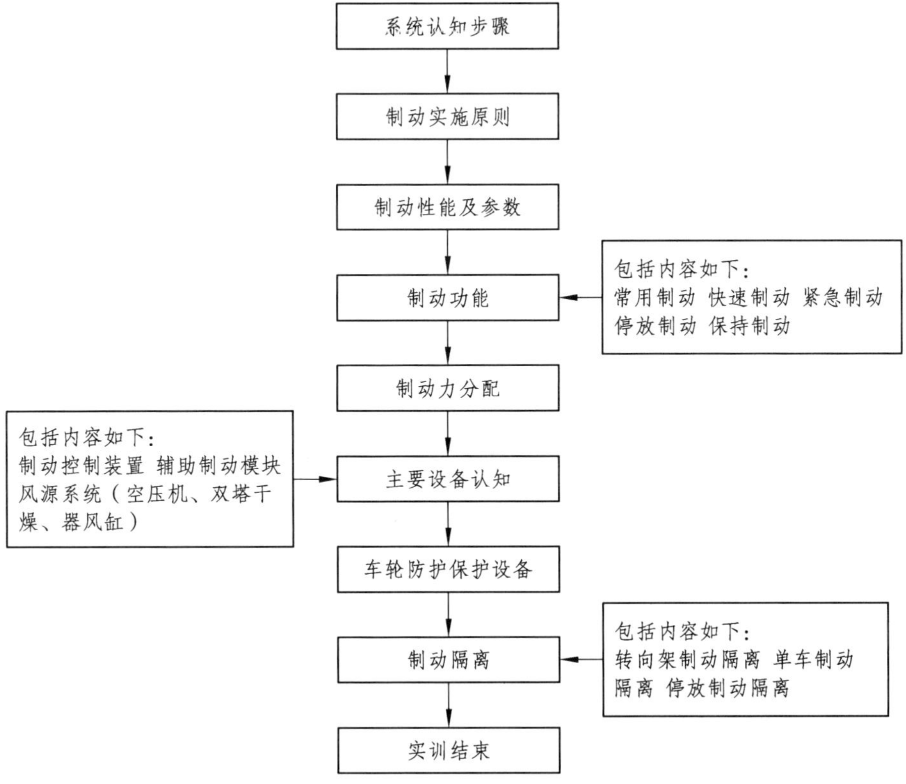

图 1-1-11　系统认知步骤

3. 实训作业流程（表 1-1-1）

表 1-1-1　实训作业流程

工序	实训内容	作业结果记录
1	制动实施原则认知 再生制动→电阻制动→电空制动	
2	制动性能及参数认知	
3	制动功能认知： 常用制动　快速制动 紧急制动　保持制动 停放制动	
4	制动力分配认知	
5	主要设备认知： 制动控制装置 辅助制动模块 风源系统	
6	制动隔离认知： 转向架制动隔离 单车制动隔离 停放制动隔离	

五、实训考核标准（表1-1-2）

表 1-1-2　实训考核标准

项目	标准	配分	得分
整体实训过程考核	能够叙述制动系统整体实训过程	15	
制动系统认知步骤考核	能够简述制动系统认知步骤	15	
制动实施原则考核	能够叙述制动实施原则	15	
制动性能及参数考核	能够简述车辆制动性能	15	
制动功能考核	能够列举出车辆的五种制动并说明功能	10	
制动力分配考核	能够叙述出制动力分配的内容	10	
主要设备考核	能够说出及认出制动系统的主要设备	10	
制动隔离考核	可以叙述出制动隔离的类型	10	

六、思考题

（1）设置制动隔离的目的是什么？

（2）设置两个空气压缩机的目的是什么？两台空压机是按怎样的方式运转的？

任务二　常用制动实验

一、实训目的

通过实训，使学生了解常用制动的功能和特点，正确使用常用制动。

二、理论链接

（1）常用制动过程中优先使用电制动，不足部分由空气制动补充，电制动优先使用再生制动。在 ATO 模式下，ATO 输出制动指令和参考值；在人工模式下，主控制器手柄输出制动指令及参考值。

（2）在正常条件下施加的制动，常用制动采取电制动和空气制动混合施加的方式。混合施加时，电制动优先，不足的部分由空气制动随时进行补偿，GV 阀将需要补偿的空气制动力平均分配到所有车上。

（3）在常用制动施加和缓解时，具有冲击限制功能，以保证旅客的舒适度，冲击极限为 0.75 m/s^3；在常用制动过程中，具有车轮防滑保护功能，防滑保护分为电制动防滑和空气制动防滑；常用制动过程是可逆的，即在常用制动施加过程中随时可以撤销该动作。

（4）在司机台上分别设置所有空气制动施加指示灯和所有空气制动缓解指示灯。当所有空气制动施加时，所有空气制动施加指示灯（红色）亮起，当所有空气制动缓解时，所有空气制动缓解指示灯（绿色）亮起。

（5）在进行常用制动实验过程中需要注意以下要素：

① 合闸时注意不要碰触到电路裸露的金属部分，有触电危险。

② 升弓前要检查受电弓周围，确保没有人员逗留。

③ 常用制动过程是可逆的。

④ 在常用制动过程中，冲击极限≤0.75m/s^3。

⑤ 有电制，并且空-电制动混合以满足总的制动力，空气制动采取平均分配。

⑥ 具有载荷补动偿功能。

⑦ 具有防滑保护功能，防滑保护分电制动防滑和空气制动防滑。

⑧ 将司控器手柄置于常用制动区，列车施加常用制动。

⑨ 随着手柄越往下拉，制动级位越高，列车的减速度越大。

⑩ 将司控器手柄置于“0”位，常用制动缓解（如列车在静止状态，此时施加保持制动）。

三、实训要求

1. 实训时间

教学课时为 2 课时。

2. 实训形式

学生每五人组成一个工作小组，各小组根据实训课程任务定制实训实施方案，每个小组选出一名组长，组长协助老师指导本组学生进行实训。

3. 实训注意事项

（1）未经教师或管理员允许不得擅自操作。

（2）配电房合闸时注意不要碰触裸露的金属部分。

（3）受电弓升降前要确保周围无其他人员，防止受电弓动作时产生伤害。

4. 工具器材准备

防护隔离带、铁路专用安全帽等。

四、实训作业步骤

1. 整体实训过程如图 1-2-1 所示。

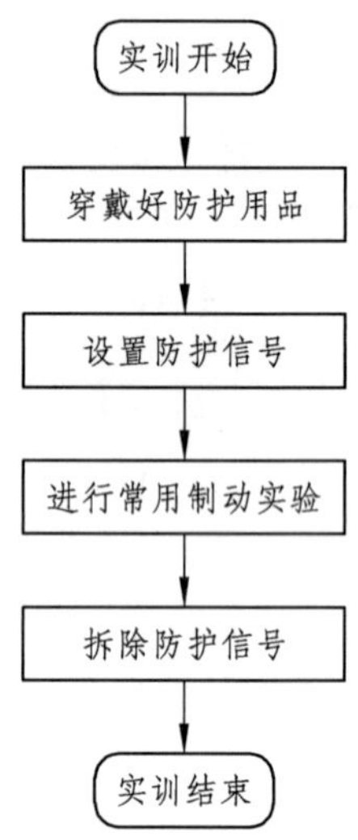

图 1-2-1　整体实训过程

2. 实训作业流程（表 1-2-1）

表 1-2-1　实训作业流程

工序	实训内容	具体步骤	作业结果记录
1	实验前准备工作	（1）环绕车辆进行检查，确保车体周围及车底没有人员逗留	
2		（2）准备好配电房钥匙、四方钥匙、车辆主控钥匙	
3		（3）到配电房进行合闸	
4	常用制动实验操作	（1）使用四方钥匙打开司机室门（注意门的保险是否锁上，若保险锁上，需用四方钥匙先将保险打开）	
5		（2）按下位于驾驶台右侧的唤醒按钮，启动车辆	
6		（3）检查电压表及气压表值是否正常，正常时电压表显示为120 V，气压表为8 bar（800 kPa）	
7		（4）插入主控钥匙，并将其旋转至解锁位	
8		（5）按下位于驾驶台右侧的升弓按钮，可看见位于车辆左侧后方地面上的受电弓升起	
9		（6）按下位于驾驶台右前侧的牵引辅助复位，可听见位于车辆外左侧地面上的高压电器箱发出咔哒声	
10		（7）将车辆行进挡位拨至向前	

续表

工序	实训内容	具体步骤	作业结果记录
11	常用制动实验操作	（8）按下司控器并向后拉到底，使车辆进入快速制动状态。此时屏幕显示制动力值为100%	
12		（9）检查并确认紧急制动按钮已拔起，按下驾驶台右前方的紧急制动复位按钮，此时可看到屏幕显示制动状态由紧制变为快制	
13		（10）将司控器向前推到牵引位，向前推动越多，牵引力越大，加速越快。同时屏幕左上角会显示模拟速度值	
14		（11）将司控器向后拉，行进手柄制动力值在0%～100%（制动力值越大，制动力越强）。此时车辆工作状态为常用制动，保持常用制动状态使车辆模拟速度降为0	
15	实验结束，正确关闭车辆	（1）将司控器推至0位	
16		（2）将行进挡位打到0位	
17		（3）按下分高断按钮，听见高压电器箱咔哒声	
18		（4）将受电弓旋钮打至降弓，观察确定受电弓已降下	
19		（5）前往配电房将380 V三相电闸断开	
20		（6）按下位于驾驶台左侧的睡眠按钮，按钮亮黄灯，黄灯亮后一分钟车辆关闭	
21		（7）将钥匙旋至上锁位，取下钥匙	

五、实训考核标准（表1-2-2）

表 1-2-2　实训考核标准

项目	标准	配分	得分
常用制动知识考核	能够叙述出常用制动的功能、特点和适用范围	15	
整体实训过程考核	能尽量完整地口述整个实验的流程	15	
常用制动操作过程中注意事项考核	能够说出实验过程中存在的安全隐患和应对措施	15	
实验前准备工作考核	能够正确进行实验前准备工作	10	
常用制动实验操作考核	能够按照正确的操作顺序完成列车的起动和使用常用制动停车	30	
实验结束后，正确关闭车辆考核	能够按照正确的操作顺序将车辆正常关闭并保持车辆卫生	15	

六、思考题

（1）在空气供给设备中有两个安全阀，两个安全阀的作用分别是什么？

（2）为什么要先将司控器拉到底，才能进行紧急制动复位？

任务三　快速制动实验

一、实训目的

通过实训，使学生了解快速制动的功能和特点，正确使用快速制动。

二、理论链接

快速制动是紧急情况下出现非弓网接触事故时施加的一种制动方式。

1. 也是在紧急情况下为使列车尽快停车而施加的一种制动方式，制动力可达列车制动能力的 100%。

快速制动发生时，受电弓不降弓，高速断路器不断开，因此制动方式和常用制动相同，再生制动和电空制动都处于激活状态。它是电制动和电空摩擦制动的空电复合制动，优先采用电制动，制动力不足时利用电空制动补足制动力。

2. 制动网络故障。正常条件下，制动系统通过BCU与TCMS间的MVB接口完成制动信号的传输，制动系统内部通过CAN网完成相应信号的传输交换。当列车在非紧急牵引模式下，TCMS和BCU分别检测不到对方的生命信号超过8个周期则判断认为通信故障，制动系统CAN网络互相检测不到对方的生命信号超过8个周期也判断为通信故障。通信故障发生后制动系统发出电制动切除信号，TCMS切除整车电制动，此时制动系统根据硬线指令施加100%纯空气制动（常用制动）。

3. 快速制动实验过程中需要注意以下要素：

（1）合闸时注意不要碰触到电路裸露的金属部分，有触电危险。

（2）升弓前要检查受电弓周围，确保没有人员逗留。

（3）快速制动可撤销和缓解，具备防滑保护，受冲击极限限制。

（4）当司机将控制手柄拉到“快速制动”位时，司控器会输出一个硬线信号（低有效），此硬线信号将通过 TCMS 和列车线（硬线）两路同时输入到 GV 及 DCU。任意一路信号有效时，GV 和 DCU 将综合载荷信号以 1.2 m/s^2 的减速度进行制动。

（5）当司机控制器手柄移出快速制动位时，快速制动将得到缓解。

（6）在 ATO 模式下，快速制动被触发时，牵引制动控制单元将忽略来自 ATO 的制动力需求，按快速制动率执行制动；在紧急牵引模式下，快速制动仅通过硬线命令控制。

（7）在快速制动过程中，制动力施加的冲击极限≤0.75 m/s^3。

三、实训要求

1. 实训时间

教学课时为 2 课时。

2. 实训形式

学生每五人组成一个工作小组，各小组根据实训课程任务定制实训实施方案，每个小组选出一名组长，组长协助老师指导本组学生进行实训。

3. 实训注意事项

（1）未经教师或管理员允许不得擅自操作。

（2）配电房合闸时注意不要碰触裸露的金属部分。

（3）受电弓升降前要确保周围无其他人员，防止受电弓动作时产生伤害。

4.工具器材准备

防护隔离带、铁路专用安全帽等。

四、实训作业步骤

1. 整体实训过程如图 1-3-1 所示。

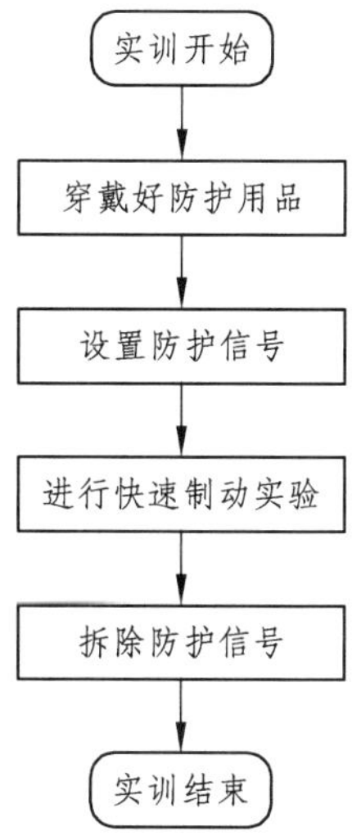

图 1-3-1　整体实训过程

2. 实训作业流程（表 1-3-1）

表 1-3-1　实训作业流程

工序	实训内容	具体步骤	作业结果记录
1	实验前准备工作	（1）环绕车辆进行检查，确保车体周围及车底没有人员逗留	
2		（2）准备好配电房钥匙、四方钥匙、车辆主控钥匙	
3		（3）到配电房进行合闸	
4	常用制动实验操作	（1）使用四方钥匙打开司机室门（注意门的保险是否锁上，若保险锁上，需用四方钥匙先将保险打开）	
5		（2）按下位于驾驶台右侧的唤醒按钮，启动车辆	
6		（3）检查电压表及气压表值是否正常，正常时电压表显示为 120 V，气压表为 8 bar（800 kPa）	
7		（4）插入主控钥匙，并将其旋转至解锁位	

续表

工序	实训内容	具体步骤	作业结果记录
8	常用制动实验操作	（5）按下位于驾驶台右侧的升弓按钮，可看见位于车辆左侧后方地面上的受电弓升起	
9		（6）按下位于驾驶台右前侧的牵引辅助复位，可听见位于车辆外左侧地面上的高压电器箱发出咔哒声	
10		（7）将车辆行进挡位拨至向前	
11		（8）按下司控器并向后拉到底，使车辆进入快速制动状态。此时屏幕显示制动力值为 100%	
12		（9）检查并确认紧急制动按钮已拔起，按下驾驶台右前方的紧急制动复位按钮，此时可看到屏幕显示制动状态由紧制变为快制	
13		（10）将司控器向前推到牵引位，向前推动越多，牵引力越大，加速越快。同时屏幕左上角会显示模拟速度值	
14		（11）将司控器向后拉，使行进手柄使制动力值在 0%～100%（制动力值越大，制动力越强）。此时车辆工作状态为常用制动，保持常用制动状态使车辆模拟速度降为 0	
15	实验结束，正确关闭车辆	（1）将司控器推至 0 位	
16		（2）将行进挡位打到 0 位	
17		（3）按下分高断按钮，听见高压电器箱咔哒声	
18		（4）将受电弓旋钮打至降弓，观察确定受电弓已降下	
19		（5）前往配电房将 380 V 三相电闸断开	
20		（6）按下位于驾驶台左侧的睡眠按钮，按钮亮黄灯，黄灯亮后一分钟车辆关闭	
21		（7）将钥匙旋至上锁位，取下钥匙	

五、实训考核标准（表1-3-2）

表 1-3-2　实训考核标准

项目	标准	配分	得分
快速制动专业知识考核	能够叙述出快速制动的功能、特点和适用范围	15	
整体实训过程考核	能尽量完整地口述整个实验的流程	15	
快速制动操作过程中注意事项考核	能够说出实验过程中的安全隐患和应对措施	15	
实验前准备工作考核	能够正确进行实验前准备工作	10	
快速制动实验操作考核	能够按照正确的操作顺序完成列车的起动和使用快速制动停车	30	

六、思考题

（1）制动控制系统采用模块化设计的好处是什么?

（2）试通过车辆制动系统各模块的位置关系画出车辆气路示意简图。

任务四　紧急制动实验

一、实训目的

通过实训，使学生了解紧急制动的功能和特点，正确使用紧急制动

二、理论链接

1. 紧急制动是使列车迅速减速并达到在最短距离内紧急停车的制动。

紧急制动由列车的急制动环路失电触发，并由空气制动基础装置执行，是通过一个安全回路控制的纯空气制动模式，是列车运行安全导向保证中最重要的环节。

2. 在下列任一情况下将施加紧急制动

（1）非 ATO 模式下，未按下司机室中的警惕装置超过 3 s。

（2）按下司机室台上紧急制动按钮。

（3）未按下激活司机室中的警惕装置超过 3 s。

（4）按下司机室台上紧急制动按钮（蘑菇按钮）。

（5)当前端的总风欠压(总风缸压力低于 6 bar 施加紧急制动,高于 7 bar 时恢复)。

（6）紧急制动电气列车线环路中断或失电（紧急环路硬线中断）。

（7）DC 110 V 控制电源失电（断路器断开或者辅助供电系统故障）。

（8）激活司机室的 RIOM 发出紧急制动指令。

（9）司机室无占用。

3. 实验过程中需要注意以下要素

（1）合闸时注意不要碰触到电路裸露的金属部分，有触电危险。

（2）升弓前要检查受电弓周围，确保没有人员逗留。

（3）紧急制动指令一旦发出，就不能撤除，列车必须减速直至列车停止。

（4）不管是什么原因引起的紧急制动，所有车辆必须以紧急制动率制动。

（5）每节车上的所有牵引指令立即中断，直至列车完全停止。

（6）不受冲动极限限制，列车有防滑保护功能。

（7）列车紧急制动功能采用硬线控制，若列车安全环线断开将触发紧急制动。

三、实训要求

1. 实训时间

教学课时为 2 课时。

2. 实训形式

学生每五人组成一个工作小组，各小组根据实训课程任务定制实训实施方案，每

个小组选出一名组长，组长协助老师指导本组学生进行实训。

3. 实训注意事项

（1）未经教师或管理员允许不得擅自操作。

（2）配电房合闸时注意不要碰触裸露的金属部分。

（3）受电弓升降前要确保周围无其他人员，防止受电弓动作时产生伤害。

4. 工具器材准备

防护隔离带、铁路专用安全帽等。

四、实训作业步骤

1. 整体实训过程如图 1-4-1 所示。

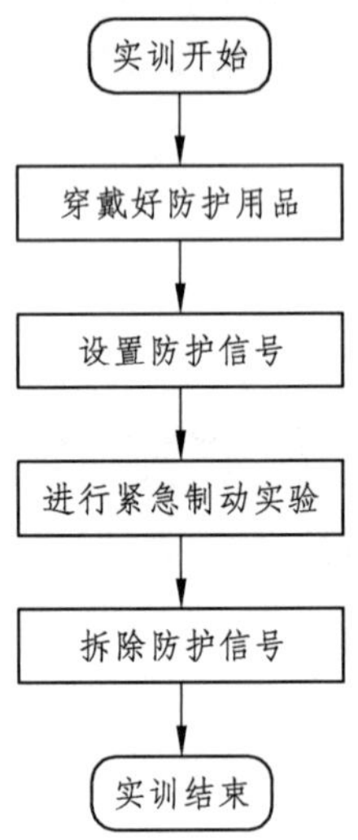

图 1-4-1　整体实训过程

2. 实训作业流程（表 1-4-1）

表 1-4-1　实训作业流程

工序	实训内容	具体步骤	作业结果记录
1	实验前的准备工作	（1）环绕车辆进行检查，确保车体周围及车底没有人员逗留	
2		（2）准备好配电房钥匙、四方钥匙、车辆主控钥匙	
3		（3）到配电房进行合闸	
4	常用制动实验操作	（1）使用四方钥匙打开司机室门（注意门的保险是否锁上，若保险锁上，需用四方钥匙先将保险打开）	
5		（2）按下位于驾驶台右侧的唤醒按钮，启动车辆	
6		（3）检查电压表及气压表值是否正常，正常时电压表显示为 120 V，气压表为 8 bar（800 kPa）	
7		（4）插入主控钥匙，并将其旋转至解锁位	
8		（5）按下位于驾驶台右侧的升弓按钮，可看见位于车辆左侧后方地面上的受电弓升起	

续表

工序	实训内容	具体步骤	作业结果记录
9	常用制动实验操作	（6）按下位于驾驶台右前侧的牵引辅助复位，可听见位于车辆外左侧地面上的高压电器箱发出咔哒声	
10		（7）将车辆行进挡位拨至向前	
11		（8）按下司控器并向后拉到底，使车辆进入快速制动状态。此时屏幕显示制动力值为 100%	
12		（9）检查并确认紧急制动按钮已拔起，按下驾驶台右前方的紧急制动复位按钮，此时可看到屏幕显示制动状态由紧制变为快制	
13		（10）将司控器向前推到牵引位，向前推动越多，牵引力越大，加速越快。同时屏幕左上角会显示模拟速度值	
14		（11）将司控器向后拉，行进手柄制动力值在 0%～100%（制动力值越大，制动力越强）。此时车辆工作状态为常用制动，保持常用制动状态使车辆模拟速度降为0	
15	实验结束，正确关闭车辆	（1）将司控器推至 0 位	
16		（2）将行进挡位打到 0 位	
17		（3）按下分高断按钮，听见高压电器箱咔哒声	
18		（4）将受电弓旋钮打至降弓，观察确定受电弓已降下	
19		（5）前往配电房将 380 V 三相电闸断开	
20		（6）按下位于驾驶台左侧的睡眠按钮，按钮亮黄灯，黄灯亮后一分钟车辆关闭	
21		（7）将钥匙旋至上锁位，取下钥匙	

五、实训考核标准（表1-4-2）

表 1-4-2 实训考核标准

项目	标准	配分	得分
紧急制动专业知识考核	能口述紧急制动的功能、作用、使用场景、制动方式	20	
实验注意事项考核	能讲述实验过程存在的安全隐患和应对措施	10	
实训操作步骤考核	能按正确的步骤使车辆运作，使用紧急制动停下车辆并缓解紧急制动	30	
实训结束程序考核	正确关闭车辆并保持实训区域干净整洁	20	
实训整体流程考核	完整叙述出实验流程步骤	20	

六、思考题

（1）为什么紧急制动被设置为失电时施加？

（2）为什么紧急制动不受冲击极限限制？设置冲击极限的目的是什么？

任务五　停放制动实验

一、实训目的

通过实训，使学生了解停放制动的功能和特点，正确使用停放制动。

二、理论链接

1. 停放制动是为了防止列车在静止条件下溜车而设计的。车辆每根轴设有通过弹簧力作用的停放制动装置，其能力可以使在极不利的条件下将满负载（AW3）的列车停放在35‰坡道上。停放制动通过停放制动缸执行，它是弹簧施加型，排气时制动，充气时缓解。列车在车库内放置时间过长导致漏气时，当总风压力值低于4.8 bar 时，停放制动会自动施加，总风压力恢复时，停放制动能自动缓解并恢复停放制动的正常工作。

2. 在每个司机台上，分别设置一个带灯的停放制动施加按钮和停放制动缓解按钮。零速时，在激活司机室按下停放制动施加按钮，将使停放制动电磁阀得电排气，施加停放制动，红色指示灯亮起；当恢复停放制动缓解按钮，将缓解整车的停放制动，当所有的停放制动缓解时，绿色指示灯亮起。在车辆两侧均设置了停放制动机械缓解拉环，可以对停放制动逐个进行人工缓解。在司机室的DDU上能够显示每节车的停放制动的施加和缓解状态。

3. 停放制动实验过程中需要注意以下要素：

（1）合闸时注意不要碰触到电路裸露的金属部分，有触电危险。

（2）升弓前要检查受电弓周围，确保没有人员逗留。

（3）停放制动是弹簧施加，充气缓解。

（4）当总风压力不足，停放制动会通过弹簧自动施加。

（5）HMI上显示每个车的停放制动状态。

（6）一般来说，停放制动没有必要去刻意地施加，停放制动会在总风管失压时自动施加。

三、实训要求

1. 实训时间

教学课时为2课时。

2. 实训形式

学生每五人组成一个工作小组，各小组根据实训课程任务定制实训实施方案，每个小组选出一名组长，组长协助老师指导本组学生进行实训。

3. 实训注意事项

（1）未经教师或管理员允许不得擅自操作。

（2）配电房合闸时注意不要碰触裸露的金属部分。

（3）受电弓升降前要确保周围无其他人员，防止受电弓动作时产生伤害。

4. 工具器材准备

防护隔离带，铁路专用安全帽等。

四、实训作业步骤

1. 整体实训过程如图 1-5-1 所示。

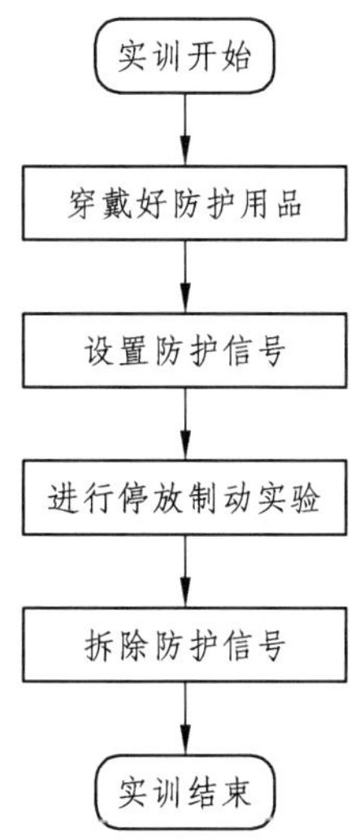

图 1-5-1　整体实训过程

2. 实训作业流程（表 1-5-1）

表 1-5-1　实训作业流程

工序	实训内容	具体步骤	作业结果记录
1	实验前准备工作	（1）环绕车辆进行检查，确保车体周围及车底没有人员逗留	
2		（2）准备好配电房钥匙、四方钥匙、车辆主控钥匙	
3		（3）到配电房进行合闸	
4	常用制动实验操作	（1）使用四方钥匙打开司机室门。（注意门的保险是否锁上，若保险锁上，需用四方钥匙先将保险打开）	
5		（2）按下位于驾驶台右侧的唤醒按钮，启动车辆	
6		（3）检查电压表及气压表值是否正常，正常时电压表显示为 120 V，气压表为 8 bar（800 kPa）	
7		（4）插入主控钥匙，并将其旋转至解锁位	
8		（5）按下位于驾驶台右侧的升弓按钮，可看见位于车辆左侧后方地面上的受电弓升起	
9		（6）按下位于驾驶台右前侧的牵引辅助复位，可听见位于车辆外左侧地面上的高压电器箱发出咔哒声	
10		（7）将车辆行进挡位拨至向前	
11		（8）按下司控器并向后拉到底，使车辆进入快速制动状态。此时屏幕显示制动力值为 100%	

续表

工序	实训内容	具体步骤	作业结果记录
12	常用制动实验操作	（9）检查并确认紧急制动按钮已拔起，按下驾驶台右前方的紧急制动复位按钮，此时可看到屏幕显示制动状态由紧制变为快制	
13		（10）将司控器向前推到牵引位，向前推动越多，牵引力越大，加速越快。同时屏幕左上角会显示模拟速度值	
14		（11）将司控器向后拉，行进手柄制动力值在 0%～100%（制动力值越大，制动力越强）。此时车辆工作状态为常用制动，保持常用制动状态使车辆模拟速度降为 0	
15	实验结束，正确关闭车辆	（1）将司控器推至 0 位	
16		（2）将行进挡位打到 0 位	
17		（3）按下分高断按钮，听见高压电器箱咔哒声	
18		（4）将受电弓旋钮打至降弓，观察确定受电弓已降下	
19		（5）前往配电房将 380V 三相电闸断开	
20		（6）按下位于驾驶台左侧的睡眠按钮，按钮亮黄灯，黄灯亮后一分钟车辆关闭	
21		（7）将钥匙旋至上锁位，取下钥匙	

五、实训考核标准（表1-5-2）

表 1-5-2　实训考核标准

项目	标准	配分	得分
停放制动专业知识考核	能口述停放制动的功能、作用、使用场景、制动方式	20	
实训整体流程考核	完整叙述出实验流程步骤	20	
实验注意事项考核	能讲述实验过程存在的安全隐患和应对措施	10	
实训操作步骤考核	能按正确的步骤使车辆运作，使用任意方式进行制动，停车后施加停放制动	30	
实训结束程序考核	正确关闭车辆并保持实训区域干净整洁	20	

六、思考题

（1）按下停放制动按钮时，听见气阀“噗噗”声对应停放制动的哪个工作过程？

（2）空气悬挂系统中给空气弹簧提供压缩空气的部件是什么？采用什么调平方式？

任务六　保持制动实验

一、实训目的

通过实训，使学生了解保持制动的功能和特点，正确使用保持制动。

二、理论链接

1. 保持制动是为了防止停放在坡道上的列车再次牵引时后溜而设置的一种制动方式，保持制动力的大小是在实际施加制动力和 70%左右的最大常用制动力两者中取大值，在保持制动过程中具有载荷补偿功能。

2. 实验过程中，车辆处于保持制动时，屏幕上不会显示保持制动，仍然显示为常规制动。

三、实训要求

1. 实训时间

教学课时为 2 课时。

2. 实训形式

学生每五人组成一个工作小组，各小组根据实训课程任务定制实训实施方案，每个小组选出一名组长，组长协助老师指导本组学生进行实训。

3. 实训注意事项

（1）未经教师或管理员允许不得擅自操作。

（2）配电房合闸时注意不要碰触裸露的金属部分。

（3）受电弓升降前要确保周围无其他人员，防止受电弓动作时产生伤害。

4. 工具器材准备。

防护隔离带、铁路专用安全帽等。

四、实训作业步骤

1. 整体实训过程如图 1-6-1 所示。

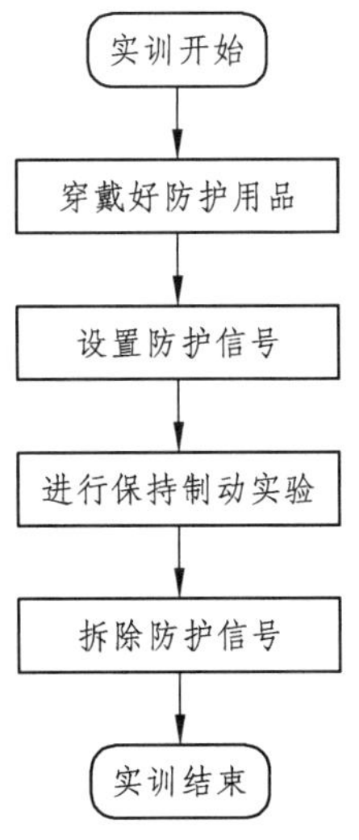

图 1-6-1　整体实训过程

2. 实训作业流程（表 1-6-1）

表 1-6-1　实训作业流程

工序	实训内容	具体步骤	作业结果记录
1	实验前准备工作	（1）环绕车辆进行检查，确保车体周围及车底没有人员逗留	
2		（2）准备好配电房钥匙、四方钥匙、车辆主控钥匙	
3		（3）到配电房进行合闸	
4	常用制动实验操作	（1）使用四方钥匙打开司机室门（注意门的保险是否锁上，若保险锁上，需用四方钥匙先将保险打开）	
5		（2）按下位于驾驶台右侧的唤醒按钮，启动车辆	
6		（3）检查电压表及气压表值是否正常，正常时电压表显示为 120 V，气压表为 8 bar（800 kPa）	
7		（4）插入主控钥匙，并将其旋转至解锁位	
8		（5）按下位于驾驶台右侧的升弓按钮，可看见位于车辆左侧后方受电弓升起	
9		（6）按下位于驾驶台右前侧的牵引辅助复位，可听见位于车辆外左侧地面上的高压电器箱发出咔哒声	
10		（7）将车辆行进挡位拨至向前	
11		（8）按下司控器并向后拉到底，使车辆进入快速制动状态。此时屏幕显示制动力值为 100%	
12		（9）检查并确认紧急制动按钮已拔起，按下驾驶台右前方的紧急制动复位按钮，此时可看到屏幕显示制动状态由紧制变为快制	
13		（10）将司控器向前推到牵引位，向前推动越多，牵引力越大，加速越快。同时屏幕左上角会显示模拟速度值	
14		（11）将司控器向后拉，行进手柄制动力值在 0%～100%（制动力值越大，制动力越强）。此时车辆工作状态为常用制动，保持常用制动状态使车辆模拟速度降为 0	
15	实验结束，正确关闭车辆	（1）将司控器推至 0 位	
16		（2）将行进挡位打到 0 位	
17		（3）按下分高断按钮，听见高压电器箱咔哒声	
18		（4）将受电弓旋钮打至降弓，观察确定受电弓已降下	
19		（5）前往配电房将 380 V 三相电闸断开	
20		（6）按下位于驾驶台左侧的睡眠按钮，按钮亮黄灯，黄灯亮后一分钟车辆关闭	
21		（7）将钥匙旋至上锁位，取下钥匙	

五、实训考核标准（表1-6-2）

表 1-6-2　实训考核标准

项目	标准	配分	得分
保持制动专业知识考核	能口述停放制动的功能、作用、使用场景、制动方式	20	
实训整体流程考核	完整叙述出实验流程步骤	20	
实验注意事项考核	能讲述实验过程存在的安全隐患和应对措施	10	
实训操作步骤考核	能按正确的步骤使车辆运作，使用任意方式进行制动，停车后施加保持制动	30	
实训结束程序考核	正确关闭车辆并保持实训区域干净整洁	20	

六、思考题

（1）为什么按下睡眠按钮一分钟后车辆才会关闭?

（2）若在高压电器使用时，突然将电闸断开，会产生什么后果?

车辆基础制动装置实训演练

任务一　基础制动装置的组成与原理

一、实训目的

1. 通过实训，学生可以学习城轨列车基础制动的结构和组成。
2. 让学生学习基础制动装置的基本工作原理。

二、理论链接

1. 城轨列车基础制动装置基本要求

（1）基础制动装置动作必须灵活、安全可靠。

（2）基础制动装置结构必须紧凑、制动效率高，盘形制动效率一般大于 90%。

（3）制动摩擦副在各种情况下必须有良好的磨损性能及耐磨性，摩擦系数稳定，制动盘和闸片有足够长的使用寿命。

（4）基础制动装置要保证列车在规定坡道上安全停放。

（5）基础制动装置需要有良好的环境适应性，在低温、雨雪、风沙、潮湿等环境下能长期正常使用。

制动装置分类：

国产动车除 CHR2A、CHR2B、CHR2E 和 CHR2C 使用气、液两种介质利用增压缸实现气液装换，其余都采用压缩空气作为传输介质。

根据安装分为一点吊装，二点吊装，三点吊装，结构分为紧凑型、杠杆式和一体式，它们都取决于转向架结构尺寸和空间布置。

2. 基础制动装置（见图 2-1-1）

城轨列车分为动车和拖车，但两者制动装置完全相同。动车转向架基础制动为踏面制动，安装在构架侧梁上，常用制动缸和带停放制动缸采用对角布置。

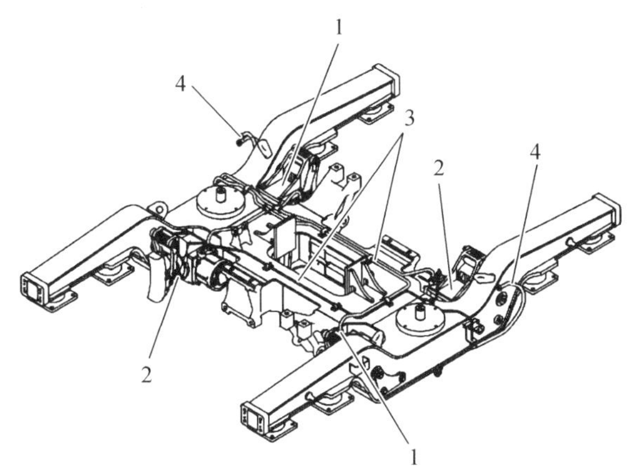

1—常用制动缸；2—停放制动缸；3—制动管路；4—停放制动缓解装置拉手。

图 2-1-1 基础制动装置

3. 基础制动装置工作原理

当列车无气压时停放制动缸将自动启动，并在气压恢复时释放，假如停放制动缸没有释放时，可以通过手动制动缓解装置手动缓解释放。

每个制动缸上配备了两片复合制动闸瓦，制动缸自动对闸瓦的磨损进行补偿，始终将闸瓦与车轮之间的间隙维持在一个恒定值。

基础制动装置如图 2-1-2 所示，包括安装在转向架构架上的刚性管路、连接车体气动管路与架构刚性管路的软管、两个带弹簧停放的制动缸和两个不带停放的常用制动缸。

每个制动单元通过三个螺栓固定在架构侧梁上。每个制动单元就是一个气动踏面制动机构，具有机械放大和闸瓦间隙自动调整的功能。

图 2-1-2 基础制动装置实物

制动施加过程：压缩空气从气管进入制动气缸，推动制动活塞向车轮或制动盘处移动，同时制动缓解弹簧受到压缩，活塞导向管带动制动杠杆绕销轴转动，杠杆另一端则推动闸瓦向轮对或制动盘移动，使闸瓦贴近车轮踏面，产生制动力。

制动缓解过程：制动气缸内压缩空气通过气管向外排气，闸瓦所受的推力被撤销，制动缓解弹簧由于反弹作用使闸瓦向右移动，活塞向左移动，最终闸瓦和活塞复位制动缓解。

三、实训要求

1. 实训时间

教学课时为1课时。

2. 实训形式

学生每 5 人组成 1 个工作小组，各小组根据实训课程任务定制实训实施方案，每个小组选出 1 名组长，组长协助老师指导本组学生进行实训。

3. 实训注意事项

（1）未经教师或管理员允许不得擅自操作。
（2）进行整体认知前需要切断电源。
（3）在进行车辆整体检查时要做好个人防护，注意高低落差，防止跌落。

4. 工器具材料准备

防护红旗、铁路专用安全帽等。

四、实训作业步骤

1. 整体实训流程如图 2-1-3 所示。

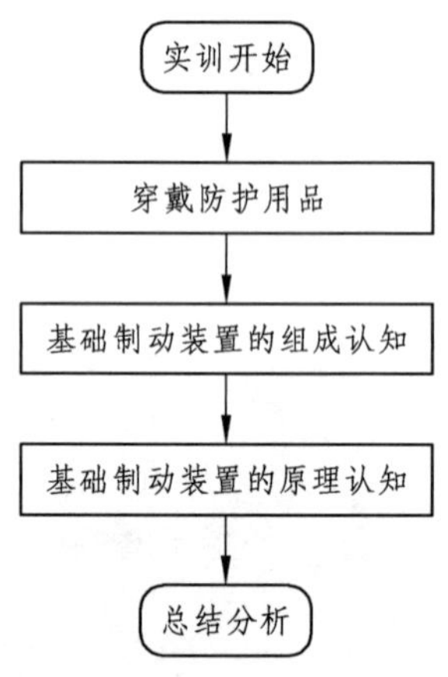

图 2-1-3　实训操作流程

2. 实训作业流程（表 2-1-1）

表 2-1-1　实训作业流程

工序	实训内容	安全注意事项	作业结果记录
1	基础制动装置的组成认知	操作时带好手套，防止磨伤	
2	基础制动装置的原理认知	操作时带好手套，防止磨伤	

五、实训考核标准（表2-1-2）

表 2-1-2 实训考核标准

项目	标准	配分	得分
整体实训过程考核	能够简单叙述出基础制动装置的结构和原理	30	
基础制动装置结构认知	能够在真实设备上识别出基础制动装置	35	
基础制动装置原理认知	能够简述基础制动装置的工作原理	35	

六、思考题

动车和拖车的制动夹钳夹的位置有什么不同?

任务二 制动盘的检查作业

一、实训目的

（1）通过实训，学生可以学习制动盘的结构和组成。
（2）让学生学习制动盘的检查操作流程。

二、理论链接

盘式制动装置主要包括制动盘和制动夹钳，安装在制动夹钳上的制动闸片与制动盘共同组成一对摩擦副，并通过摩擦制动盘表面将制动能量转换为热能释放。

AC16 型列车制动盘为灰口铸铁制成，是具有径向排布散热筋的环形铸铁件。摩擦盘的外侧为摩擦面，内侧设有多个宽度相等的条形散热筋，同时还设有铸造凸台、螺栓凸台、对中定位台，且沿径向均匀分布，在散热筋之间形成径向的气流通道。摩擦盘的厚度和散热筋的尺寸与制动盘的热容量性能有关。摩擦盘在设计过程中额外考虑到了轻量化的要求。交叉状散热筋用于传递热量，保证摩擦盘的热平衡。摩擦盘的可磨耗厚度为 7 mm，在其圆周方向有一个槽指示磨耗极限需要更换。AC16 型列车制动盘为轮装制动盘，其外径为 640 mm，内径为 350 m。制动盘安装方式是将两个摩擦盘安装在车轮两侧，通过 6 个定位销对中定位和传递制动力距。两个摩擦盘用 12 个径向排列的螺栓连接，使用防松螺母锁紧螺栓。车轮制动盘的摩擦表面与轮缘的外表面齐平，可以与其他各种类型的标准制动闸片和制动夹钳配合使用。

三、实训要求

1. 实训时间

教学课时为 1 课时。

2. 实训形式

学生每 5 人组成一个工作小组，各小组根据实训课程任务定制实训实施方案，每个小组选出一名组长，组长协助老师指导本组学生进行实训。

3. 实训注意事项

（1）未经教师或管理员允许不得擅自操作。

（2）进行整体认知前需要切断电源。

（3）在进行制动盘检查时要做好个人防护，戴好手套，防止受伤。

4. 工器具材料准备

防护红旗、铁路专用安全帽、钢支尺、车轮第四种检查器等。

四、实训作业步骤

1. 实训操作流程如图 2-2-1 所示。

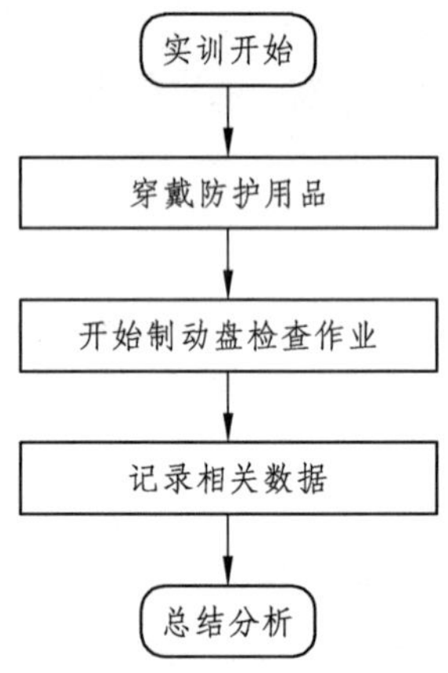

图 2-2-1　实训操作流程

2. 实训操作步骤（表 2-2-1）

表 2-2-1　实训操作步骤

工序	实训内容	检查标准	使用工具	安全注意事项
1	制动盘表面检查	（1）毛坯的浇帽口，芯骨、粘砂、氧化皮和多肉等应予清除。 （2）摩擦面不应有裂纹，允许有直径不大于 2 mm、深度不大于 1.5 mm、离边缘大于或等于 5 mm 的气孔及夹渣，单面缺陷数量不超过 2 个，两个缺陷间距不小于 100 mm，两个缺陷周向夹角不小于 45°。 （3）除摩擦面以外的其他加工面的单个气孔或夹渣：直径不大于 2 mm 或周长不大于 6 mm，深度不大于 2 mm。在每 200 cm^2 上不多于 2 个，间距不小于 20 mm，离边缘或孔边不小于 10 mm，总数量不超过 5 个。在缺陷背面的相对位置上不允许同时存在缺陷。	钢支尺、车轮第四种检查器	进行实训操作前戴好手套，做好个人防护

续表

工序	实训内容	检查标准	使用工具	安全注意事项
1	制动盘表面检查	非加工面的单个气孔或夹渣，直径不大于5 mm 或其周长不大于 15 mm，深度不大于4 mm，在每 100cm^2 面积上（小于 100 cm^2 按 100 cm^2 计算）不多于 2 个：间距不小于20 mm，离边缘或孔边不小于 10 mm，缺陷总数不超过 8 个。在缺陷背面的相对位置上不应同时存在缺陷	钢支尺、车轮第四种检查器	进行实训操作前戴好手套，做好个人防护
2	盘毂表面检查	（1）不允许存在裂纹、折叠、夹渣、氧化皮等缺陷。 （2）盘毂两侧面和外团面的单个气孔或夹渣：缺陷的直径不应大于 2.5 mm，周长不应大于 8 mm，且深度不应大于 2 mm。在每80 cm^2 面积上（小于 80 cm^2 按 80 cm^2 计算）缺陷数量不应多于 2 个：相邻两个缺陷的间距不应小于 20 mm，缺陷离边缘或孔边的距离不应小于 10 mm，缺陷总数不应超过 5 个。缺陷背面的相对位置上不应同时存在缺陷	钢支尺、车轮第四种检查器	

五、实训考核标准（表2-2-2）

表 2-2-2　实训考核标准

项目	标准	配分	得分
整体实训过程考核	能够简单叙述出制动盘检查的基本流程	30	
制动盘表面检查考核	能够在真实设备上进行制动盘检查并记录制动盘的真实状态	35	
盘毂表面检查考核	能够在真实设备上进行检查盘毂状态并记录其真实状态	35	

六、思考题

制动盘一般存在于哪种类型的转向架中？

任务三　制动卡钳的检查

一、实训目的

（1）通过实训，学生可以学习城轨列车制动卡钳的结构和组成。

（2）让学生学习基础制动装置的基本工作原理。

二、理论链接

ACI6 型列车采用紧凑型制动夹钳，如图 2-3-1 所示，每个车轴安装 2 个制动夹钳，其中一个带停放功能，在转向架上形成斜对角布置。停放制动可以允风自动缓解停放制动，并恢复停放制动的正常工作。每个带停放功能的制动夹钳在车体两侧轨道旁均可手动缓解停放制动。

图 2-3-1　AC16 型列车紧凑型制动夹钳

制动夹钳具有以下设计特点：

（1）模块式设计，包括独立的制动气缸、闸瓦调整装置和弹簧执行器（仅限于停放制动功能的夹钳单元）。

（2）紧凑轻量化设计，在转向架中占用较小的空间。

（3）采用隔膜气缸用制动执行器，同样的外形尺寸可提供不同的气缸容量（对应不同的隔膜面积）。

（4）用手停放制动的弹簧执行器可通过手动操作线缆或方孔钥匙进行机械缓解。

（5）钳杆上仅有少量的铰接点和轴承，并进行了封装，以实现长使用寿命和低噪声。

（6）制动钳单元从一个销钉上居中悬挂（制动闸片支座上没有吊座），可以很容易地针对较大的侧向运动和倾斜运动进行调整。

制动夹钳结构如图 2-3-2 所示。

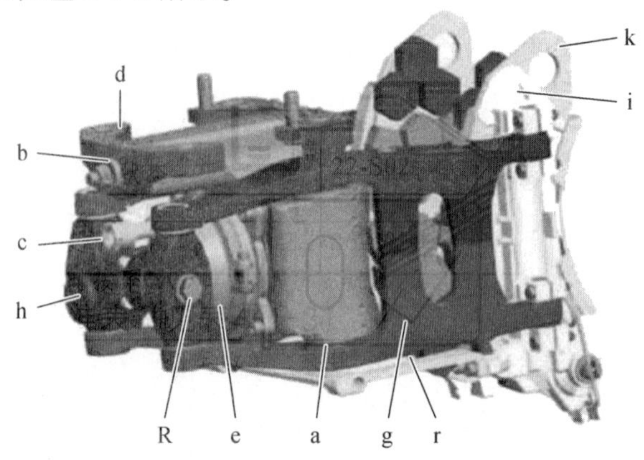

a—壳体；b—支撑销；d—安装座；e—模板风缸；g—卡钳臂；h—推杆调整器；
i—闸片托；k—闸片；r—并行链；c—常用制动供风口；r—六角头复位螺栓。

图 2-3-2　制动夹钳结构示意图

制动夹钳转动如图 2-3-3 所示。

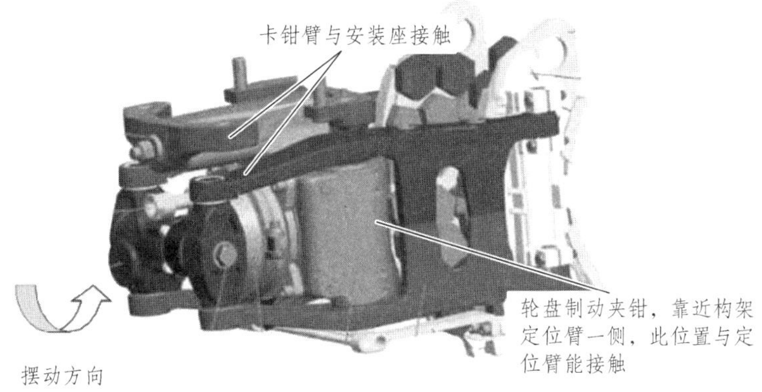

图 2-3-3　制动夹钳转动检查

三、实训要求

1. 实训时间

教学课时为 1 课时。

2. 实训形式

学生每 5 人组成一个工作小组，各小组根据实训课程任务定制实训实施方案，每个小组选出一名组长，组长协助老师指导本组学生进行实训。

3. 实训注意事项

（1）未经教师或管理员允许不得擅自操作。
（2）进行整体认知前需要切断电源。
（3）在进行卡钳检查时要做好个人防护，带好手套，防止受伤。

4. 工器具材料准备

防护红旗、铁路专用安全帽等。

四、实训作业步骤

1. 实训操作流程如图 2-3-4 所示。

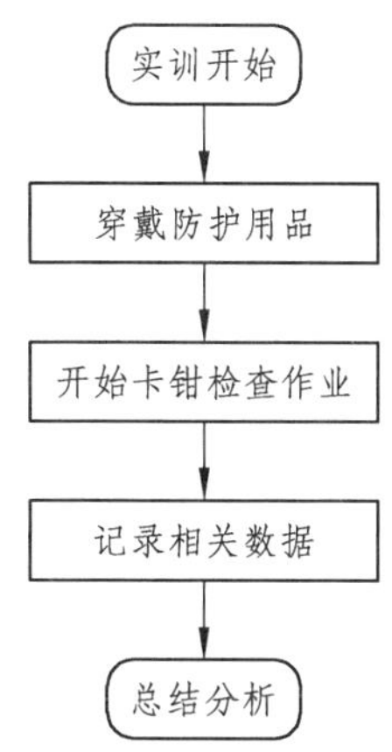

图 2-3-4　实训操作流程

2. 实训作业流程（表 2-3-1）

表 2-3-1　实训作业流程

工序	实训内容	检查标准	使用工具	作业结果记录
1	卡钳检查	（1）夹钳本体波纹管无破裂。 （2）平行杆滑块磨耗量大于 2 mm 时必须更新（用塞尺测量）。 （3）卡钳臂有脱落及生锈腐蚀现象，需要用砂纸打磨处理，找补丙烯酸聚氨酯面漆（闸片托生锈属于运用正常现象，不影响制动夹钳本身功能，检修时，无需对闸片进行除锈处理，维持原样使用）。 （4）各紧固件防松标记不清、错位或缺失的需用布蘸水（必要时可使用清洗剂）清理标记面后，来联系厂家确认紧固扭矩后，按要求补打防松标记。 （5）夹钳铭牌应该连接可靠，标识和铭牌模糊不清时需由厂家进行更换	塞尺、钢支尺、车轮第四种检查器	
2	夹钳外表面磕碰伤检查	（1）若闸片托磕碰伤直径大于 3 mm 且深度大于 2 mm，更换新部件。 （2）平衡导向杆如果磕碰伤直径大于 4 mm、深度大于 3 mm（或超过壁厚 1/3），更换新部件。 （3）如果闸调器外壳磕碰伤直径大于 4 mm、深度大于 3 mm（或超过壁厚 1/3）更换新部件；若磕碰伤在可接受范围内，则进行补漆。 （4）如果卡钳壳体磕碰伤直径大于 2 mm、深度大于 2 mm，悬架转轴和安装座磕碰伤直径大于 4 mm、深度大于 3 mm 则更换新部件；若磕碰伤在可接受范围内，则进行补漆处理。 （5）如果卡钳臂磕碰直径大于 4 mm、深度大于 3 mm 或卡钳的安装部位磕碰伤直径大于 2 mm、深度大于 2 mm 则需更换新部件，若磕碰伤在可接受范围内，则进行补漆。 （6）如果制动缸盖受到磕碰伤直径大于 2 mm，更换新部件	塞尺、钢支尺、车轮第四种检查器	
3	检查螺栓 M24X55、低碳钢丝 SZ-E-1.2 安装状态	防松标记模糊不清、错位或低碳钢丝断裂时，要求进行扭矩校核（扭矩为 550 N·m）找补丙烯酸聚氨酯面漆并重打防松标记	塞尺、钢支尺、车轮第四种检查器	

续表

工序	实训内容	检查标准	使用工具	作业结果记录
4	制动夹钳转动检查	（1）以支撑销为转轴手动左右摆动制动夹钳的卡钳臂，对于制动夹钳，每次左右摆动时，要求两侧的卡钳臂都能摆动到与安装座接触。 （2）对于制动夹钳，每次左右摆动时要求靠近转向架中心一侧卡钳臂能摆动到与安装座接触，靠近构架定位臂一侧卡钳臂能摆动到与构架定位臂接触。 （3）制动夹钳转动检查次数要求不低于3次。转动时注意按要求方向执行控制绕壳体方向摆动幅度，防止并行链滑块脱出	塞尺、钢支尺、车轮第四种检查器	

五、实训考核标准（表2-3-2）

表 2-3-2　实训考核标准表

项目	标准	配分	得分
整体实训过程考核	能够简单叙述出制动盘检查的基本流程	20	
制动夹钳检查考核	能够在真实设备上进行制动夹钳检查并记录制动夹钳的真实状态	20	
盘夹钳外表面磕碰伤检查考核	能够在真实设备上进行盘夹钳外表面磕碰伤检查并记录其真实状态	20	
螺栓M24X55、低碳钢丝SZ-E-1.2安装状态检查考核	能够在真实设备上进行螺栓M24X55、低碳钢丝SZ-E-1.2安装状态检查并记录其真实状态	20	
制动夹钳转动检查考核	能够在真实设备上进行制动夹钳转动检查并记录其真实状态	20	

六、思考题

（1）制动夹钳的组成部分有哪些?

（2）控制线缆有断股时是否能够继续使用?

任务四　基础制动装置的调试作业

一、实训目的

（1）通过实训，学生可以进一步了解基础制动装置的工作原理。

（2）让学生掌握基础制动装置的调试流程和方法。

二、理论链接

盘式制动与踏面制动的比较。

1. 制动对车轮的影响

（1）踏面制动的热负荷如。

在制动频繁、热负荷较大的城轨车辆上，使用热负荷性能较高的合成闸瓦，会导致制动过程中产生总热能的 90%以上被车轮吸收。因此，当车轮踏面最高热应力位于赫兹接触力和热应力共同作用的危险区域时，会导致车轮踏面异常损伤。上海地铁、广州地铁、北京地铁均批量出现过车轮踏面非正常损耗，如图 2-4-1 所示。车轮踏面异常磨损将会恶化轮轨的匹配关系，严重影响行车安全。

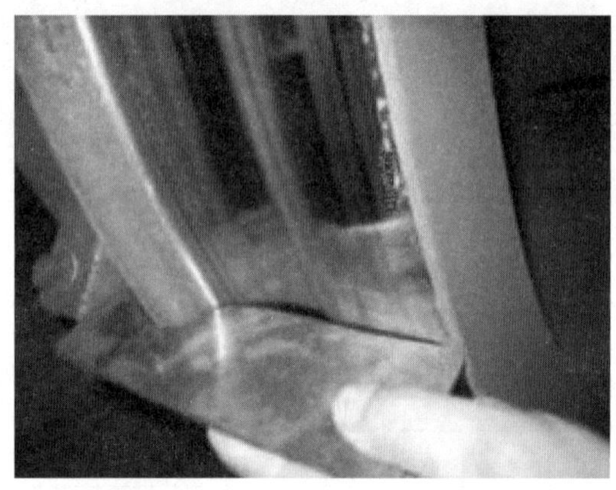

图 2-4-1　车轮踏面非正常磨耗

（2）盘形制动。

由于盘形制动是由制动盘和闸片组成摩擦副，故制动过程中产生的热能对车轮不产生直接影响。

三、实训要求

1. 实训时间

教学课时为 1 课时。

2. 实训形式

学生每 5 人组成一个工作小组，各小组根据实训课程任务定制实训实施方案，每个小组选出一名组长，组长协助老师指导本组学生进行实训。

3. 实训注意事项

（1）未经教师或管理员允许不得擅自操作。

（2）进行整体认知前需要切断电源。

（3）在进行基础制动装置检查时要断电、断气，做好个人防护，戴好手套，防止受伤。

4. 工器具材料准备

防护红旗、铁路专用安全帽、塞尺、开口扳手等。

四、实训作业步骤

1. 实训操作流程如图 2-4-2 所示。

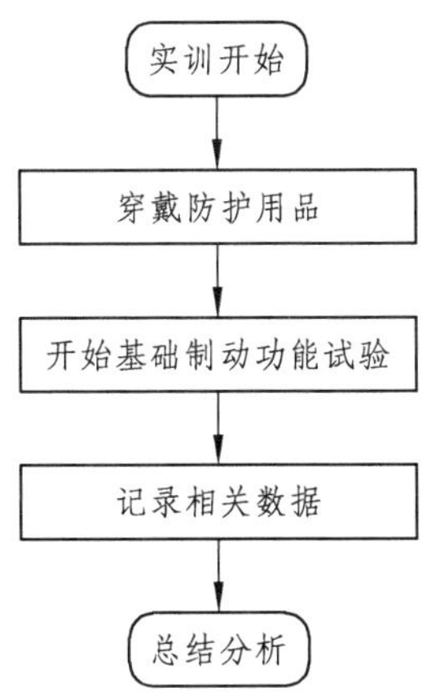

图 2-4-2　实训操作流程

2. 实训作业流程（表 2-4-1）

表 2-4-1　实训作业流程

工序	实训内容	具体步骤	作业结果记录
1	制动管路气密性测试	正确连接制动管路（包括常用制动和停放制动）。 充入 6 bar（0.6 MPa）的压缩空气，用肥皂水检查各连接处的密封情况	
2	常用制动功能试验	向停放制动缸充入 380 kPa 的压缩空气，使停放制动处于缓解位置（如有停放制动）。 向常用制动缸充入 450 kPa 的压缩空气，保压 20 min，空气压力下降不得超过 20 kPa，如有泄漏用试漏液检查泄漏位置并修复	
3	停放制动功能试验	使常用制动缸的压力为零，向停放制动缸充入 5 bar（0.5 MPa）的压缩空气，缓解并制动几次，闸瓦动作应灵活。 排去停放缸的压缩空气，使用手拉缓解，缓解操作灵活	

五、实训考核标准（表2-4-2）

表 2-4-2　实训考核标准

项目	标准	配分	得分
整体实训过程考核	能够简单叙述出基础制动装置试验的基本流程和技术要点	30	
常用制动功能试验作业考核	能够按照任务书操作正确进行常用制动作业试验	35	
停放制动功能试验作业考核	能够按照任务书操作正确进行停放制动作业试验	35	

六、思考题

盘式制动的优势有哪些?

项目三 120 型控制阀实训演练

任务一 120 型控制阀整体认知

一、实训目的

（1）通过实训，熟悉 120 型控制阀功能及结构。
（2）为后续检修、维护、调试打下基础。

二、理论链接

120型控制阀由主阀、半自动缓解阀、紧急阀和中间体等四部分组成，如图3-1-1所示。

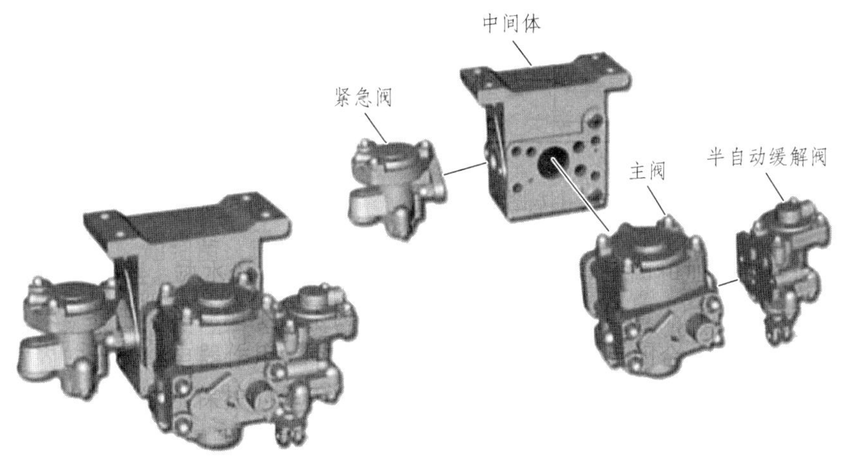

图 3-1-1 120 型控制阀结构示意

120 型控制阀作用原理简述：

1. 充气缓解的三个过程

（1）副风缸充气。制动管增压，制动管压缩空气进入作用部主活塞上部，推动节制阀和滑阀下移，达到充气缓解位，制动管压缩空气经滑阀座和滑阀上的充气通路向副风缸充气。

（2）制动缸排气。滑阀室经滑阀的节流孔与加速缓解风缸连通，滑阀上的缓解孔槽连通了制动缸与加速活塞外侧室经缩孔 II 排向大气。制动缸压缩空气全部经加速活塞外侧室再缩孔 II 排向大气，实现缓解作用。

（3）加速缓解风缸加速缓解。由于缩孔Ⅱ较小，制动缸压缩空气来不及排出，使加速活塞外侧压力上升，推加速活塞内移，加速缓解阀离开阀座，加速缓解风缸压缩空气经加速缓解阀口进入制动缸，加快了制动管的充气增压，使后部车辆充气缓解加快，提高充气缓解波速。

当加速缓解风缸与制动管压力平衡后，制动管经作用部充气通路向副风缸和加速缓解风缸充气，直至均达定压，为下次制动后加速缓解储备风源。

2. 减压制动

制动管减压，副风缸压缩空气推动主活塞带动节制阀和滑阀上移，达到制动位。副风缸压缩空气经滑阀、滑阀座上的制动通路进入制动缸，产生制动作用。加速缓解风缸不参加制动作用。

3. 制动保压

常用制动减压，当制动管减压量达到最大有效减压量前，转保压位，停止制动管减压。由于作用部在保制动位，副风缸继续向制动缸充气，副风缸压力继续下降，当副风缸压力接近制动管压力时，在主活塞及稳定弹簧弹力作用下，主活塞带动节制阀下移（滑阀不动），直至活塞杆上肩接触滑阀为止。这样，节制阀遮盖住了滑阀背面的制动缸充气孔，停止了副风缸向制动缸充气，副风缸停止下降，制动缸压力停止上升，实现制动保压作用。

三、实训要求

1. 实训时间

教学课时为 2 课时。

2. 实训形式

学生每 5 人组成一个工作小组，各小组根据实训课程任务定制实训实施方案，每个小组选出一名组长，组长协助老师指导本组学生进行实训，检查实训作业进度和质量，制定改进措施，共同完成项目任务。

3. 安全注意事项

（1）未经教师或管理员允许不得擅自操作。

（2）作业前，须停电、验电，并在控制柜面板悬挂“禁止供电”标示牌。

（3）设备通电运行时，人体手臂及其他部位严禁进入或接触设备的夹持、旋转等机械运动区域和零件。

4. 工器具材料准备

（1）防护用品，包括绝缘手套、防滑鞋等。

（2）个人用品，包括笔、笔记本等。

四、实训作业步骤

1. 整体实训过程如图 3-1-2 所示。

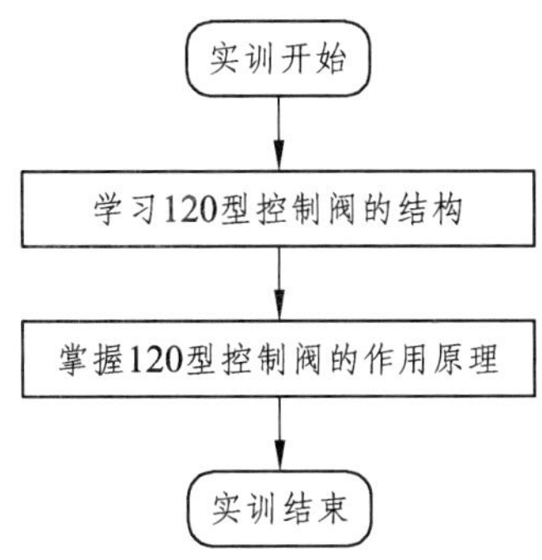

图 3-1-2　整体实训过程

2. 实训作业流程（表 3-1-1）

表 3-1-1　实训作业流程

实训内容		使用工具	安全注意事项	作业结果记录
中间体	内有两个空腔	目视	防跌落	
主阀	主阀是控制阀的心脏部件，它根据制动管不同的压力变化，控制制动机实现充气、缓解、制动、保压等作用性能	目视	防跌落	
半自动缓解阀	缓解阀，其功用是利用人工拉动缓解阀拉杆，主阀排气口开始排气或缓解活塞部下方排气口开始排气，松开拉手，制动缸压缩空气会自动地排完，实现制动机缓解。也可一直拉动拉杆，将制动系统（包括制动缸、副风缸、加速缓解风缸、制动管）的压缩空气全部排出	目视	防跌落	
紧急阀	紧急阀，其功用是在施行列车管紧急减压时，产生动作使制动管紧急排气，进一步加快制动管减压速度，提高紧急制动作用的灵敏度，确保后部车辆产生紧急制动作用，提高紧急制动波速	目视	防跌落	
充气缓解位	制动管充气增压时，压缩空气经中间体分两路，一路经滤尘器进入主阀；另一路经滤尘网进入紧急阀。 进入主间的压缩空气经主阀体内孔路分别充入主活塞上部室，主活塞上侧压力上升，当压力大于滑阀室压力，其压力差与主活塞组件自重能克服移动阻力时，推动主活塞带动节制阀、推动滑阀下移。由于后部车辆制动管增压速度较慢，主活塞两侧形成的压力差较慢，来不及形成更大的压力差时，主活塞杆尾部接触减速弹簧套，滑与滑阀座连通了列车管向副风缸充气的通路，使主活塞两侧不能形成更大的能压缩减速弹簧的压力差，主活塞一直在该位置，即形成了作用部的充气缓解位	目视	防跌落	

续表

实训内容		使用工具	安全注意事项	作业结果记录
减速充气缓解位	制动管充气增压，由于前部车辆制动管增压速度较快，主活塞上部压力上升快，使得主活塞上、下两侧迅速形成较大压力差，主活塞带动节制阀、推动滑阀迅速下移，越过充气缓解位，压缩减速弹簧到下方极端位，即减速充气缓解位	目视	防跌落	
常用制动位	1. 第一阶段局部减压当主活塞两侧形成一定压力差，即能克服主活塞、节制阀自重及移动阻力时，压缩稳定弹簧上移 6 mm，主活塞杆下肩与滑阀接触而停止，此时制动管的压缩空气通过主阀上的局减孔进入局减室，形成第一阶段局部减压作用。 2. 制动及第二阶段局部减压第一阶段局部减压的产生，加快了制动管的减压速度，主活塞两侧迅速形成更大的压力差，主活塞带动节制阀、滑阀上移到极端位，即制动位。第二段局减作用是制动管压缩空气经中间体内的通路进入制动缸，形成第二阶段局部减压作用，保证了列车尾部车辆即使在制动管小减压量时也有一个初跃升压力	目视	防跌落	
制动保压	制动管施行常用制动减压，当减压量未达到最大有效减压量时，将自动制动阀手把置于保压位，使制动管停止减压呈保压状态。因作用部仍处于制动位，副风缸压缩空气经滑阀和滑阀座上的制动通路继续向制动缸充气，使副风缸压力继续下降。当副风缸的压力下降到与主活塞上部制动管压力接近平衡时，在主活塞、节制阀自重及被压缩的稳定弹簧弹力作用下，主活塞带动节制阀下移 6 mm（滑阀不动），主活塞杆的上肩接触滑阀而停止，形成了制动保压位。 1. 制动保压作用 2. 适应机车压力保持操纵 3. 阶段制动作用	目视	防跌落	
紧急制动位	司机将制动阀手柄移到紧急制动位，制动管压缩空气迅速排入大气，主阀各部分的动作，除紧急二段阀外，均与常用制动一样。主活塞上移，先后产生第一、第二个阶段局部减压及制动作用，只是动作更加迅速，且制动缸一直充到与副风缸压力相平衡的最高压力。紧急二段阀动作，制动缸压力分二个阶段上升，紧急阀动作，形成紧急放风作用。 1. 紧急制动排气（放风）作用 2. 紧急二段阀的作用 3. 常用制动转紧急制动作用	目视	防跌落	

五、实训考核标准（表3-1-2）

表 3-1-2　实训考核标准

项目	标准	配分	得分
中间体	阐述中间体的构造	6	
主阀	阐述主阀的作用	8	
半自动缓解阀	阐述半自动缓解阀的功能	11	
紧急阀	阐述紧急阀其功用	12	
充气缓解位	简述在充气缓解位的作用原理	12	
减速充气缓解位	简述在减速充气缓解位的作用原理	12	
常用制动位	简述在常用制动位的作用原理	12	
制动保压	简述在制动保压位的作用原理	13	
紧急制动位	简述在紧急制动位的作用原理。	14	

六、思考题

形成紧急放风作用的原理是什么？

任务二　120 型控制阀的检修与维护

一、实训目的

（1）通过实训，学生可以熟知 120 阀的检修步骤。
（2）掌握 120 阀维护要点。

二、理论链接

铁路货车是铁路运输货物的一个重要的交通运输工具，货车上的空气制动机构是车辆的安全保障，其技术状态直接影响到车辆运行的安全。随着 120 型控制阀的普及与推广应用，120 型控制阀在我国铁道车辆运用中逐渐占主导地位。在运用生产中 120 型控制阀的可靠性能越来越成为列车安全运行的重要保证，因而确保 120 型控制阀的正常工作显得尤其重要。

三、实训要求

1. 实训时间

教学课时为 4 个课时。

2. 实训形式

学生每 5 人组成一个工作小组，各小组制定实施方案及工作计划。每个小组选出 1 名组长，协助教师指导本组学生学习，检查实训作业进度和质量，制定改进措施，共同完成项目任务。

3. 安全注意事项

（1）未经教师或管理员允许不得擅自操作。
（2）部件分解的时候要使用专业的拆卸工具。
（3）注意各配件不得有磕碰。
（4）检修时注意各配件要求的参数规格。

4. 工器具材料准备

（1）防护用品，包括防滑鞋、绝缘手套、工作服等。
（2）工具，包括油壶、螺丝刀、扳手、清洁工具等。
（3）个人用品，包括笔、笔记本等。

四、实训作业步骤

1. 实训操作流程如图 3-2-1 所示。

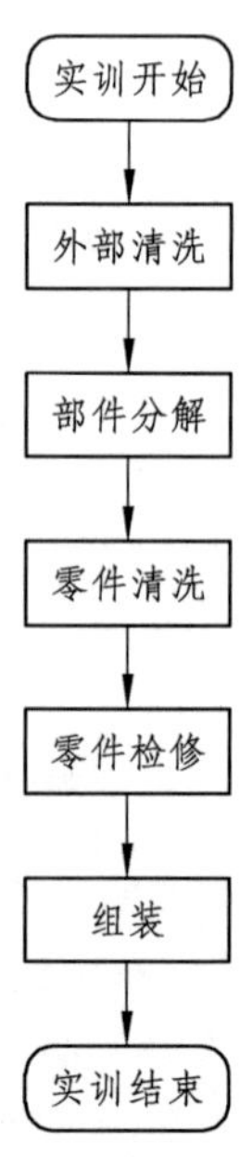

图 3-2-1　整体实训过程

2. 实训作业流程（表 3-2-1）

表 3-2-1　实训作业流程

工序	实训项目	工作内容及质量标准	使用工具	安全注意事项
1	外部清洗	1. 空气制动阀、空重车阀、其他阀类配件、制动缸和储风缸分解前要采用清洗或喷（抛）丸等方式进行外部清理，清理前要在中间体、安装座、各阀的安装面及通路外露口、各排气口等处装橡胶堵、盖板或其他遮盖物，防止安装面损伤或尘砂、水进入部件内部。 2. 有黏油的阀体，要先除掉油垢后再进行冲洗，阀体表面的砂尘及油垢要清洗干净。 3. 清洗介质可加温，但最高温度不得高于 60 °C，清洗后要用清水冲净并干燥。 4. 将阀放入通过式外部冲洗机入口处，开启开关对阀体外部进行冲洗，并用压力空气吹干	清洁工具	喷（抛）丸清理时，钢丸直径不大于 1 mm，根据工件及其表面情况确定喷（抛）丸时间，不得损伤配件外表面
2	部件分解	1. 主阀 将半自动缓解阀从主阀拆下。 （1）作用部及紧急二段部。 ① 拆下主阀上盖和下盖，用 M10 螺栓拧入主活塞杆顶部螺纹工艺孔，抽出主活塞组成，取出减速簧座、减速弹簧、止回阀弹簧、夹心阀 ϕ38 等配件。 ② 取出滑阀销，将滑阀、节制阀、滑阀弹簧、节制阀弹簧从主活塞杆上取出。 ③ 拧下主活塞螺母，卸下主阀上活塞、主活塞模板、O 形橡胶密封圈 D25×2.4、主阀下活塞。 ④ 用孔用弹性挡圈钳取出弹簧挡圈，取下稳定弹簧、稳定弹簧座、稳定杆。取出紧急二段阀杆、紧急二段阀弹簧，取下两个 O 形橡胶密封圈 D25×2.4。与 254 mm 直径制动缸相匹配的 120/120-1 型控制阀，还要取下紧急二段阀杆内的缩孔 ϕ2.4 及主阀安装面内的列车管充气缩孔 ϕ1.8。 （2）加速缓解部及局减部。 ① 拆下前盖，取出加速活塞组成和局减阀组成。 ② 取出局减阀弹簧、压垫及毛毡。与 254 mm 直径制动缸相匹配的 120/120-1 阀，还要从前盖上拧出排气缩孔堵 ϕ2.9。 ③ 拧下加速缓解活塞螺母，取下加速上活塞、加速缓解膜板、加速下活塞及活塞紧固螺钉。 ④ 用孔用弹性挡圈钳取出主阀体上的挡圈，取出加速缓解阀套等组件时，不得损伤 M3 螺纹。依次拔出顶杆，取下两个 O 形橡胶密封圈 D25×2.4。用孔用弹性挡圈钳取出加速缓解阀套上的挡圈，取下加速缓解阀弹簧座、加速缓解弹簧、夹心阀 ϕ16，拧下局减活塞螺母，取下局减上活塞、局减阀膜板及两个 O 形橡胶密封圈 D16×2.4	螺丝刀、扳手、清洁工具	拆解时应注意顺序

续表

工序	实训项目	工作内容及质量标准	使用工具	安全注意事项
2	部件分解	（3）半自动缓解阀。 ① 拆下缓解阀上盖，取出缓解阀弹簧，拧出上盖上的滤尘缩堵，取下缓解阀体上的两个O形橡胶密封圈D22×2.25、两个止回阀弹簧及两个夹心阀ϕ16，拧下缓解阀活塞上端螺母，取下垫圈、缓解阀上活塞、缓解阀膜板、缓解阀下活塞和两个O形像胶密封圈D14×2.25。 ② 取出开口销，拆下手柄，取下缓解阀体上的两个O形橡胶密封圈，两个止回阀弹簧及两个夹心阀ϕ16，卸下缓解阀下盖，取出O形橡胶密封圈D45×3.1、缓解阀手柄座，再从缓解阀体内取出缓解阀顶杆座、缓解阀手柄弹簧和两个缓解阀顶杆。 ③ 从缓解阀体组成内推出缓解阀活塞杆等组件，取出销轴、拆下均衡阀组成和两个O形橡胶密圈D16×2.4。 ④从缓解阀下盖中取出缓解放风阀座及O形橡胶密封圈D35×3.1。 2. 紧急阀 ① 从安装面的列车管孔中取出滤尘网。 ② 卸下紧急阀盖，取出紧急活塞组成及安定簧。拧下紧急活塞杆上的螺母，取下防松垫圈、紧急下活塞、O形橡胶密封圈D20×2.4、紧急活塞膜板、紧急上活塞。 ③ 从紧急活塞杆中取出橡胶密封圈ϕ16及滤尘套。拆下放风阀盖组成，取出放风阀簧、紧急放风阀导向杆、弹簧座、先导阀簧、夹心阀ϕ16、O形橡胶密封圈D28×3.1。从紧急阀体组成中拧下滤尘缩堵ϕ1.0。 ④ 取出紧急放风阀组成，拔出顶杆，取出O形橡胶密封圈D6×1.45	螺丝刀、扳手、清洁工具	拆解时应注意顺序
3	零件清洗	将分解完毕的阀类零件放入超声波清洗机清洗。 1. 货车空气制动阀，除规定更换的零件外，其他零件均要采用超声波或压力清洗方式清洗。 2. 清洗后要用清水漂洗，阀体内腔要采用压力空气吹干净，滑阀等零件的小孔可滴入香蕉水，然后以小于孔径的钢针疏通。各零件要烘干或吹干。 3. 滤尘器中滤尘网、滤尘套、滤尘缩孔堵等滤尘元件要清洗，并用高压风吹净	清洁工具	滑阀、节制阀等精密研磨件要单独清洗。

续表

工序	实训项目	工作内容及质量标准	使用工具	安全注意事项
4	零件检修	1. 阀体各阀盖有裂纹或安装平面部分有碰伤时加修或更换。 2. 各阀口、导向杆、导向套的导向面有伤痕时加修或更换。 3. 滑阀、滑阀座、节制阀及座的滑动面有划伤及接触不严时研磨。 4. 滑阀上及其他各缩孔有堵塞时要用小于各孔直径的钢针疏通。 5. 前盖局减阀通大气孔处毛毡更换新品。 6. 各部螺纹滑扣及磨损严重时加修或更换。螺纹密封堵漏泄时更换。 7. 各橡胶配件要更换新品。 8. 阀座、滑阀、节制阀等各滑动工作面接触不良、划伤时研磨。滑阀剩余厚度小于 16 mm，或缓解槽深小于 2.2 mm 时更换。滑阀座磨耗后高度大于 46.8 mm 时更换。节制阀剩余厚度小于 5 mm 时更换。 9. 各弹簧锈蚀、变形、裂纹、折断或在数控弹簧测力机上检测不合格时及时更换	扳手、清洁工具	橡胶件要使用指定厂家生产的合格新品，各橡胶膜板要做拉伸检查。不合格者不得使用。模板要有明显的制造厂家和时间标记，组装前要彻底擦拭，清楚表面滑石粉等杂质
5	组装	1. 滑阀、节制阀的滑动面和座涂以适量的甲基硅油；各导向杆、密封圈及各滑动部涂少量硅脂。 2. 在装阀盖时，各螺栓要均匀拧紧，防止偏压。 3. 120 型控制阀主阀体安装面防误装销钉孔在上侧的，要在列车管充气孔、紧急二段阀杆上制动缸充气孔和前盖制动缸缓解通路孔上安装相应缩孔堵	油壶、扳手	1.各弹簧不得装错。 组装时不得损伤密封圈。 2.各盖要有密封圈，不得有损伤

五、实训考核标准（表3-2-2）

表 3-2-2　实训考核标准

项目	标准	配分	得分
120 型控制阀的检修维护步骤	能简述检修维护流程	10	
120 型控制阀外部清洗步骤	能阐述外部清洗步骤	18	
120 型控制阀部件分解步骤	能阐述部件分解步骤	26	
120 型控制阀零件清洗步骤	能阐述零件清洗步骤	10	
120 型控制阀零件检修步骤	能阐述零件检修步骤	18	
120 型控制阀组装步骤	能简述组装步骤	18	

六、思考题

部件分解的基本要求是什么？

任务三　120 型控制阀调试

一、实训目的

（1）通过实训，学生可以掌握 120 型控制阀调试方法。

（2）通过实训，学生可以对 120 型控制阀有更深层次的理解。

二、理论链接

120 型控制阀调试过程中常见的故障及处理方式。

1. 漏泄故障

（1）充气及缓解位漏泄。

有个别 120 主阀在初充气时发生排气口排风现象，但是当副风缸压力上升至 200～300 kPa 后排气声逐渐消失。这是因为滑阀弹簧相对较弱，来自滑阀座的列车管局减孔的风，在初充气时将滑阀轻轻吹起，列车管及充入副风缸的压力空气窜入制动缸经主阀排气口排向大气。随着副风缸压力的升高，在副风缸压力和滑阀弹簧弹力的共同作用下，滑阀底面与座密贴，排气声消失。这样可不作为故障来处理。

如果在充气及缓解位，列、副两压力充至定压后，主阀排气口仍在漏泄，要检查滑阀与座的接触面是否不平；二段阀上部密封圈是否密贴；加速缓解阀套或加速缓解阀顶杆上的密封圆是否密贴；检查加速缓解阀顶杆是否反装；半自动缓解阀与主阀连接处的橡胶密封垫是否老化，气密线是否良好（圆铜套松动窜风时也可引起主阀排风口漏泄）。工作者要针对故障逐一检查，采用排除法进行处理。

（2）制动位漏泄。

制动位主阀排气口排风，主要是因滑阀与座不密贴造成的，个别 120/120-1 主阀内的主阀套与体之间窜风也可引起主阀排气口漏泄，但这只是少数阀会出现此类故障。经确认研磨良好后，试验时仍有漏泄现象，应考虑加速缓解阀顶杆或加速缓解阀套上的密封圈是否良好。

（3）半自动缓解阀排气口处漏泄分为两种情况：

① 常用制动保压后排风口漏泄，多是因橡胶排风阀在下阀座上压痕过深或与下阀座阀口不密贴所致。有时下阀座密封圈老化，也可造成此处排风口漏泄。

② 试验台在进行缓解阀锁闭性能试验时，出现排风口处漏泄，主要是上阀座与排风阀上平面接触不良，副风缸的压力空气由此排向大气。

对此类故障要更换下阀座密封圈或橡胶排风阀。

（4）局减阀排气口漏泄。

主阀前盖上设置局减阀排气口的用途是在发生第二阶段局减时，当制动缸压力升至 50～70 kPa，能顺利关闭列车管向制动缸充气的通路，消除局减阀活塞外侧背压。因而只有在制动时局减阀排气口才可能出现漏泄现象。排气口处发生漏泄多因前盖与阀体或局减活塞体上密封槽过深，或前盖与阀体间夹有杂物，组装后未能起到密封作用，在第二阶段局减时使来自列车管的压力空气经不良处由排气口排向大气。对此问题要做清除杂物、更换前盖等处理。

（5）紧急阀排气口漏泄。

试验台上出现紧急阀排气口漏风一般是在向紧急室充气过程中发生，多数由以下几个方面的故障引起：

① 放风阀与阀座密贴性不良。

② 放风阀座与阀体配合不良或松动。

③ 先导阀顶杆或放风阀杆上的密封圈在组装时损伤。

2. 制动故障

（1）制动感度差。

在列车管以较慢速度或较低压量的情况下 120 主阀要发生局减制动作用，这项试验主要是检验制动机的灵敏度和模拟列车尾部货车制动机的工况，是 120 阀试验项目中技术要求较高的一项。如果在试验台上第一阶段局减量在局减室从升压到降至 40 kPa 的时间超过 10s，并且列车管减压量也出现大于 40 kPa 的现象，当排除缩孔 I 被堵后，说明该现象是因滑阀与座、主活塞杆上下导向肩与主阀套阻力过大，造成节制阀在第一阶段局减位停留的时间较长所致，这种阀要引起重视。应进行分解，检查滑阀两侧面、主活塞杆上下导向肩是否与主阀套有严重摩擦的痕迹，如果有磨痕要更换滑阀和主活塞杆或进行加修处理。缩孔 I 被堵时，局减室排气时间是不会合格的，要针对故障原因进行处理。

（2）制动感度试验时局减量过大。

试验台上引起局减量过大，主要是制动初期主活塞带动节制阀移动至第一阶段局减位时，由于阻力过大，在该位置停留时间较长或者是缩孔 I 孔径过大、错装，使列车管减压量大于 40 kPa；或者，到达第二阶段局减位，由于制动缸压力升至 50 ~ 70 kPa 时局减阀未能关闭此通路而引起列车管压力持续下降。以上原因均可引起制动感度试验时局减量过大的故障。在处理时要根据故障现象，检查滑阀、主活塞在主阀套内阻力是否过大，局减阀弹簧弹力是否过强，局减阀与铜套配合阻力是否良好等。

（3）紧急阀安定不良。

紧急阀在试验台上进行安定试验，是当列车管减压速度达到 10 ~ 40 kPa/s 时，紧急阀不应发生紧急放风作用。反之即为安定不良。其主要原因是缩孔皿孔径较小（标准为 $\Phi 2.5\pm0.1$mm），在列车管以常用制动减压速度减压时，充入紧急室的压力空气来不及随列车管的减压而逆流回列车管，在紧急活塞两侧引起瞬间压差，造成紧急阀放风现象。发生该故障要使用专用通止规检查缩孔III，更换紧急阀杆。

（4）紧急灵敏度过高或过低。

所谓紧急灵敏度是指列车管减压速度达到 60 ~ 70 kPa/s 时，紧急阀发生紧急放风作用的压力临界值。紧急灵敏度过高或过低都不好，一般在 50 ~ 160 kPa 为宜。压力临界值小于 50 kPa 其灵敏度过高，编入列车中极易发生安定不良；大于 160 kPa，其灵敏度过低，编入列车中可能不易发生紧急制动作用。紧急灵敏度的高低与缩孔Ⅲ孔径的大小和安定弹簧的强弱有关，故障处理时要依故障的表象进行处理。

3. 缓解故障（图 3-3-1）

（1）缓解灵敏度低。

在试验台上主要反映在缓解阻力试验项目是否合格，制动缸开始缓解至缓解完毕，如果列车管与副风缸的压差值大于 16 kPa，即为缓解灵敏度较低。缓解灵敏度低的故障主要还是由于滑阀、主活塞与主阀套阻力过大引起的，此外，主活塞体与主活塞之间的密封圈漏装也可引起缓解灵敏度低。

（2）自然缓解。

自然缓解是指制动后在保压过程中列车管没有增压的情况下，120 主阀自动到达缓解位的现象。自然缓解故障的发生主要是节制阀漏泄所致。另外，加速缓解阀中夹芯阀与阀口不密贴，也会引起制动后自然缓解。原因是主阀在列车管减压制动后，加速缓解风缸的压力空气一直处在定压状态，如果加速缓解阀中夹芯阀与阀不密贴，加速缓解风缸的压力空气就会充入列车管，相当于给列车管增压，造成主阀达到缓解位。

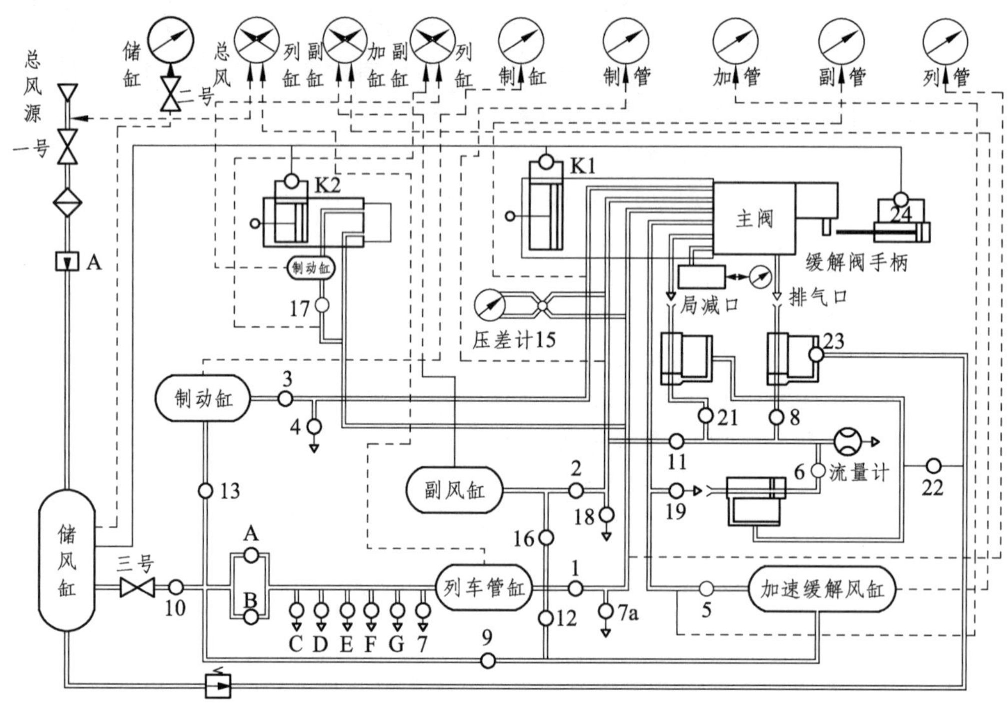

图 3-3-1　120 型控制阀专用试验台管路示意

三、实训要求

1. 实训时间

教学课时为 4 个课时。

2. 实训形式

学生每 5 人组成一个工作小组，各小组制定实施方案及工作计划。每个小组选出 1 名组长，协助教师指导本组学生学习，检查实训作业进度和质量，制定改进措施，共同完成项目任务。

3. 安全注意事项

（1）未经教师或管理员允许不得擅自操作。

（2）120 型控制阀试验台配置参数要满足试验要求。

（3）120 阀在试验台试验时，如果在几个阀中连续发生同样的故障，要考虑试验台是否出现问题。

4. 工器具材料准备

（1）防护用品，包括防滑鞋、绝缘手套、工作服等。

（2）工具，包括 120 试验台等。

（3）个人用品，包括笔、笔记本等。

四、实训作业步骤

1. 实训操作流程如图3-3-2所示。

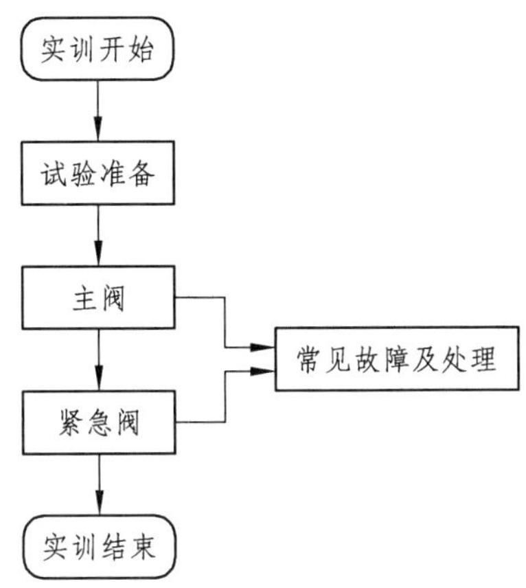

图 3-3-2　整体实训过程

2. 实训作业流程（表 3-3-1）

表 3-3-1　实训作业流程

工序	实训内容	具体步骤
1	120 阀调试试验准备	（1）开启一、二、三号塞门。 （2）确认总风源压力不低于 650 kPa。 （3）打开试验台所有电源开关，预热 15 min。 （4）调整调压阀，使储风缸压力为 590~610 kPa（试验台定压）。 （5）每天要进行试验台机能检测，机能检测合格后方可进行 120 或 120-1 阀性能试验。 （6）由微机控制进行自动试验（试验台置于自动位）时，各开关均由微机控制自动开闭。手动试验（试验台置于手动位）时，人工开闭各开关。
2	主阀漏泄试验准备	开通夹紧开关 K1，将主阀卡紧在主阀安装座上。开通夹紧开关 K2，将紧急阀座盲板卡紧在紧急阀安装座上。 （1）依次开通 10、1、2、3、5、9、A、16，待副风缸和加速缓解风缸压力均充至定压后，关断 9、16。

续表

工序	实训内容	具体步骤
2	主阀漏泄试验准备	（2）关断 1，开通 7a，使主阀动作。待列车管管路压力空气排至零后，关断 7a。 （3）开通 1、9、16，副风缸和加速缓解风缸压力充至定压。关断 A、9、5，开通 D，列车管压力降至 550 kPa 时，关断 D。待列车管压力稳定在 550 kPa 后，关断 16、1。开通 7a，列车管管路压力空气排至零后关断 7a，开通 5
3	主阀制动位漏泄试验调试	（1）各结合面。 在各结合面处及缓解阀排气口、缓解阀手柄处涂刷防锈检漏剂（以下简称为检漏剂）进行检查，不允许产生漏泄。 （2）局减阀膜板。 在局减阀呼吸孔涂刷检漏剂进行检查，不允许产生漏泄。 （3）滑阀。 开通 8、23，检查主阀排气口漏泄量，流量计显示值不大于 80 mL/min，关断 8、23。 开通 21、22，检查局减排气口的漏泄量，流量计显示值不大于 80 mL/min，关断 21、22。 （4）主活塞膜板及 O 形圈、局减阀杆 O 形圈、加速缓解夹心阀及 O 形圈、紧急二段阀杆 O 形圈、缓解活塞杆 O 形圈及排风阀。 关断 2、3、5，检查副风缸管路和加速缓解风缸管路压力，在 10 s 内压力下降不允许超过 5 kPa，开通 2、3、5。 （5）缓解阀膜板及 O 形圈。 开通 24，将缓解阀手柄推至制动缸压力开始下降时，立即关断 24，制动缸压力空气排零。在缓解阀上呼吸孔涂刷检漏剂进行检查，不允许产生漏泄。 （6）缓解阀内副风缸及加速缓解风缸气路、小止回阀、排风阀。 开通 24，将缓解阀手柄推至全开位，使副风缸压力降至 100 kPa 后关断 24。在缓解阀手柄处涂刷检漏剂进行检查，不允许产生漏泄；在缓解阀排气口涂刷检漏剂进行检查，在 10s 内产生的气泡高度不大于 12 mm。 关断 3，开通 A、1、9 后，再开通 16，待副风缸和加速缓解风缸压力均充至定压后，关断 9、16
4	主阀缓解位漏泄试验调试	（1）确认 10、1、2、5、A 已开通，列车管、副风缸和加速缓解风缸压力均充至定压。 （2）结合面。 除主阀前盖及缓解阀下盖外，在各结合面周围涂检漏剂进行检查，不允许漏泄。 （3）滑阀、加速缓解阀套 O 形圈和顶杆 O 形圈。 开通 8、23，检查主阀排气口漏泄量，流量计显示值不大于 80 mL/min，关断 8、23。 （4）滑阀和节制阀。 开通 21、22，检查局减排气口的漏泄量，流量计显示值不大于 80 mL/min，关断 21、22，开通 3

续表

工序	实训内容	具体步骤
5	主阀常用制动保压位漏泄试验调试	（1）确认 10、1、2、3、5、A 开通，列车管、副风缸和加速缓解风缸均充至定压。关断 A、开通 D，使列车管容量风缸压力减 70 kPa 后，关断 D。 （2）节制阀和滑阀、局减阀杆 O 形圈、38 夹芯阀、紧急二段阀杆 O 形圈。 开通 8、23，检查主阀排气口的漏泄量，流量计显示值不大于 80 mL/min，关断 8、23。 开通 21、22，检查局减排气口的漏泄量，流量计显示值不大于 80 mL/min，关断 21、22。 关断 5，开通 19，将加速缓解风缸管内压力完全排零后，开通 6、22。检查加速缓解管排气口的漏泄量，量计显示值不大于 120 mL/min。 关断 6、22、19，开通 5。 （3）滑阀。 开通 4，使制动缸容量风缸压力减至 100 kPa 时关断 4，在缓解阀排气口涂刷检漏剂进行检查，不允许漏。待压力稳定后关断 3、5。 制动缸管路压力在 10 s 内的压力变化不允许超过 7 kPa。 加速缓解风缸管路压力在 10 s 内压力下降不允许超过 5 kPa。 开通 3、5、A、9 后，再开通 16，待副风缸和加速缓解风缸压力均充至定压后，关断 9、16、A
6	主阀性能测试和孔的通量试验	（1）试验准备。 确认 10、1、2、3、5 开通，列车管、副风缸和加速缓解风缸压力均充至定压。 （2）主阀性能试验。 ① 制动及缓解通路。 开通 G，当制动缸压力升至 350 kPa 时，关断 G。制动缸压力由零上升到 350 kPa 的时间不大于 4 s。 开通 A，制动缸压力从 300 kPa 降至 150 kPa 的时间：配用 254 mm 直径制动缸为 4~7 s；配用 356 mm 直径制动缸为 3~5.5 s。待制动缸压力降至低于 150 kPa 后，开通 9，再开通 16，待副风缸和加速缓解风缸压力均充至定压后，关断 9、5、A。 ② 缓解阻力。 开通 D，使列车管压力减至 550 kPa，关断 D。待列车管压力稳定后，关断 16。 开通 D，列车管减压 50 kPa，关断 D。待制动缸压力稳定后，开通 19、16，再开通 15，待压力稳定后，压差计清零。 关断 19、16，开通 B，制动缸压力降至零后，关断 B、15，检查从开通 B 到制动缸压力降至零的过程中，列车管与副风缸的压差最大值为 6~16 kPa。 ③ 局减孔。 开通 9、A 后，再开通 5、16，待副风缸和加速缓解风缸压力均充至定压后，关断 9、16、A。

续表

工序	实训内容	具体步骤
6	主阀性能测试和孔的通量试验	开通 C，产生局减作用时关断 C，局减室压力从开始升压到降至 40 kPa 的时间：120 阀为 3~9 s；120-1 阀为 3~12 s。局减排气结束后列车管减压量：120 阀不允许大于 40 kPa；120-1 阀不允许大于 50 kPa。 ④ 局减阀作用。 开通 16、4，当制动缸压力降至 20 kPa 时关断 4，制动缸管路压力由 30 kPa 上升到 50 kPa 的时间为 1.5~4 s，并在 50~70 kPa 时停止升压。再开通 4，当制动缸容量风缸压力降低 30 kPa 时，关断 4。制动缸管路压力要再升到 50~70 kPa。关断 16，开通 9、A 后，再开通 16。待副风缸和加速缓解风缸压力均充至定压后，关断 9、16、A。 ⑤ 保压稳定孔。 开通 D，使列车管减压 80 kPa，关断 D。开通 16、D，将列车管压力减为 450 kPa 后，关断 D。 开通 15、11，确认副风缸的漏泄量在流量计上的显示值为（245±5）mL/min。待列车管压力和流量计显示值稳定后，压差计清零。关断 2、16，检查稳定后的压差计数值为 1.5~6 kPa，并且此时主阀不允许缓解。 关断 15、11，开通 2、9、A 后，再开通 16，待副风缸和加速缓解风缸压力均充至定压，关断 9、16、A。 ⑥ 加速缓解阀作用。 开通 D，列车管压力减至 70 kPa 后，关断 D。开通 4，制动缸容量风缸压力减至 100 kPa 时关断 4。开通 16、D，使列车管压力降到比加速缓解风缸压力低 70 kPa 时，关断 D、16。待列车管压力稳定后，开通 18，主阀开始缓解时，关断 18。 列车管管路压力，从开通 18 开始，4 s 内列车管最高压力值要比开通 18 前的列车管压力值上升 10 kPa 以上，然后再下降。 ⑦ 副风缸充气孔。 关断 1，开通 7a、18、19、4，待副风缸和加速缓解风缸压力空气排零后，关断 18、19、5、4、7a。开通 A，待列车管容量风缸充至定压后开通 1。 副风缸压力由 50 kPa 上升到 150 kPa 的时间：配用 254 mm 直径制动缸为 15.5~19 s；配用 356 mm 直径制动缸为 12.5~16 s。 ⑧ 加速缓解风缸充气通路。 开通 16，待副风缸压力充至定压后，开通 5，加速缓解风缸压力由 100 kPa 上升到 200 kPa 的时间为 12~18 s。 关断 A，开通 9，待加速缓解风缸充至 550 kPa 后，开通 A。待副风缸和加速缓解风缸压力充至定压后，关断 9。 ⑨ 紧急二段阀作用。 关断 A、5，开通 D，列车管压力降至 550 kPa 时，关断 D。待列车管压力稳定在 550 kPa 后，关断 16、1，开通 7a。 制动缸容量风缸压力由零快速上升到110~170 kPa，然后缓慢上升至平衡压力，并检测由零上升到350 kPa的时间：配用254 mm直径制动缸为6.5~9 s；配用356 mm直径制动缸为4.5~6.5 s。

续表

工序	实训内容	具体步骤
6	主阀性能测试和孔的通量试验	关断 7a，开通 5。检测加速缓解风缸压力从 550 kPa 降至 500 kPa 的时间为 1.5~6 s（仅对 120-1 阀）。 ⑩ 120-1 阀常用加速制动作用。 开通 A、1、4、16、9、17、8，待列车管容量风缸、副风缸、加速缓解风缸和紧急室均充至定压后，关断 10、4、16、8、5。 同时开通 C、E，使列车管减压 50 kPa，关断 C。等待 20 s 开通 21、22，检查 20 s 内流量计显示值，如果超过 100 mL/min，则关断 22，等待 20 s，开通 22。检查 20 s 内流量计显示值，流量计显示值不允许超过 100 mL/min。 关断 E、21、22。 开通 10、4、16、8、5，待列车管容量风缸、副风缸、加速缓解风缸和紧急室均充至定压后，关断 10、4、16、8、5，同时开通 CD，列车管减压 50 kPa，关断 D。等待 20 s 开通 21、22，20 内流量计显示值大于 100 ml/min，从开通 21、22 到流量计流量显示值大于 100 ml/min 时，加速缓解风缸管路压力下降不允许大于 20 kPa。关断 C，21、22、17。 （3）缓解阀。 ① 缓解阀锁闭性能。开通 10、5、16，待列车管容量风缸、副风缸、加速级解风缸均充至 550 kPa 后，关断 9、16、1，开通 7a，待制动缸容量风缸压力稳定后，关断 7a。 开通 24，缓解阀手柄推至制动缸压力开始下降时，关断 24。从副风缸压力开始下降起，2 s 内制动缸应开始缓解。制动缸容量风缸压力从 350 kPa 降至 40 kPa 的时间不允许超过 4 s，并且制动缸压力应能排至零。 ② 缓解阀内副风缸和加速缓解风缸通路。开通 24，使缓解阀手柄推至全开位，副风缸压力降至 100 kPa 后，关断 24。此时检查加速缓解风缸压力要低于副风缸压力。副风缸压力从 300 kPa 降至 150 kPa 的时间不允许超过 7 s。 ③ 缓解阀复位。关断 3，开通 7a、18、19。当副风缸压力降至 10~40 kPa 时，制动缸管路压力要开始上升。 试验完毕，排空各部压力空气。关断 K1，卸下主阀，关断全部开关
7	紧急阀漏泄试验调试	开通夹紧开关 K2，将紧急阀卡紧在紧急阀安装座上。开通夹紧开关 K1，将主阀座盲板卡紧在主阀安装座上。确认关断其他开关。 （1）漏泄试验 ① 试验准备。依次开通 10、1、A、17，待列车管容量风缸和紧急室压力均充至定压后，关断 A、17，开通 G 和 D，使紧急阀发生紧急放风作用。待紧急室压力排零后，关断 G 和 D。开通 A、17，将列车管和紧急室均充至定压。 ② 各结合面及排气口。在所有的盖及胶垫周围涂刷检漏剂进行检查，不允许产生漏泄；在紧急阀排气口涂刷检漏剂进行检查，15 s 内只允许产生一个高度最大为 12 mm 的气泡。关断 1，列车管管路压力在 20 s 内下降不允许超过 5 kPa。

续表

工序	实训内容	具体步骤
8	紧急阀性能调试	① 试验准备。开通 1，待列车管容量风缸和紧急室压力均充至定压后，关断 A，开通 C，待列车管容量风缸和紧急室力均降至 550 kPa 时，关断 C。待压力稳定后，关断 17。 ② 紧急灵敏度。开通 G。列车管减压 160 kPa 以前要发生紧急放风作用。从发生紧急放风作用开始到降至 40 kPa，时间不允许超过 1.5 s；检查紧急室压力，从列车管发生紧急放风作用开始到降至 40 kPa 的时间为 12.5~16.5 s。开通 17，待列车管和紧急室压力排零后，关断 17、G。 ③ 紧急室充气孔。开通 A。紧急室压力由零上升到 200 kPa 的时间为 12.5~17.5 s。 开通 17，待列车管容量风缸和紧急室压力均充至定压后，关断 A，开通 C，待列车管容量风缸和紧急压力均降至 550 kPa 时，关断 C，待压力稳定后，关断 17。 （4）安定性能。开通 F，列车管减压 200 kPa 后，关断 F。在列车管压力下降过程中紧急阀不允许发生紧急放风作用。 试验完毕，排空各部压力空气。关断 K2，卸下紧急阀，关断全部开关

五、实训考核标准（表3-3-2）

表 3-3-2　实训考核标准

项目	标准	配分	得分
120 阀调试试验准备	阐述 120 阀调试试验准备步骤	10	
主阀漏泄试验准备	阐述主阀漏泄试验准备步骤	15	
主阀制动位漏泄试验调试	阐述主阀制动位漏泄试验调试步骤	20	
主阀缓解位漏泄试验调试	阐述主阀缓解位漏泄试验调试步骤	10	
主阀常用制动保压位漏泄试验调试	阐述主阀常用制动保压位漏泄试验调试步骤	15	
主阀性能和孔的通量试验	阐述主阀阀的作用和孔的通量试验步骤	10	
紧急阀漏泄试验调试	阐述紧急阀漏泄试验调试步骤	10	
紧急阀性能调试	阐述紧急阀性能调试步骤	10	

六、思考题

紧急阀漏泄试验调试前需要准备什么？

参考文献

[1] 王慧. 城市轨道交通车辆制动系统[M]. 成都：西南交通大学出版社，2015.
[2] 王连森. 城市轨道交通车辆维护与检修[M]. 北京：中国铁道出版社，2012.
[3] 章道未. 120 型控制阀主阀检修方法研究[D]. 成都：西南交通大学，2016.
[4] 殳企平. 城市轨道交通车辆制动技术[M]. 北京：知识产权出版社，2011.
[5] 史富强. 城市轨道交通车辆制动技术[M]. 北京：北京交通大学出版社，2021.